기도는 하나님을 향한 간절한 청원이며, 그리스도인들을 묶어 주는 가장 강력한 연대다. 신앙이 개인화해 기도마저 기복이 된 상황에서, 맥나이트는 친절하고 섬세하게 성경과 교회 전통의 기도를 회복하고 훈련하도록 우리를 초대한다. 교회력에 따라 선별해 해설하는 오랜 기도의 풍미를 맛보자. 하나님 나라의 잔치를 향한 우리의 갈망이 솟구친다.

주낙현 신부 세계성공회 전례협의회 IALC

그냥 기도하지 마라. 목적을 가지고 기도하라. 스캇 맥나이트는 하나님께 간구하는 기도의 능력을 재발견하고 실천할 수 있도록 교회 공동체를 초대한다. 교회의 위대한 전통과 성경에 깊이 뿌리를 둔 간구 기도에 관한 새로운 관점을 찾고 있다면 이 책이 그 답이다.

윈필드 베빈스 박사 애즈버리 신학교 교회 개척 디렉터, 『항상 전통적이고 항상 새로운』(Ever Ancient Ever New)의 저자

스캇 맥나이트는 기독교 신앙과 실천의 문제를 대단히 탁월하게 풀어 가는 안내자임을 이 책으로 다시 한번 입증했다. 『하나님께 간구하는 기도』는 성경에 나오는 기도와 교회가 오랫동안 이어 온 전통의 지혜를 통해 간단명료하면서도 우아한 품격을 지닌 간구 기도를 기독교 공동체에 소개한다. 적은 분량이지만 힘 있는 이 책을 특히 내 제자들에게 선물로 주고 싶다. 우리도 마찬가지지만, 그들 역시 기도하는 법을 정확히 배운 적이 없기에 종종 기도하는 데 어려움을 겪는다. 하나님이 이 책을 사용해 "주님, 우리에게 기도하는 법을 가르쳐 주십시오"라고 간구하는 모든 사람을 가르치시기를 기도한다.

에밀리 H. 맥고원 박사 휘튼 칼리지 신학과 조교수

스캇 맥나이트의 『하나님께 간구하는 기도』에는 자신이 연구하는 주제를 사랑하는 스승과 제자들의 따스함으로 가득 차 있다. 스캇 맥나이트는 교회가 오랜 세월 지켜 온 본기도의 간단한 기도문을 사용해, 하나님의 성품과 세상을 향한 그분의 깊은 열망을 우리에게 일깨운다. 1년간의 깊은 수고 끝에 나온 이 책을 읽고 대단히 감사하고 희망에 넘치게 되었다. 무엇보다 이 책은 내 마음을 움직여 기도하게 해 주었다.

제루샤 맷슨 닐 듀크 신학대학원 설교학과 조교수

『하나님께 간구하는 기도』는 기도의 아름다움, 능력과 필요성을 설명해 주는 풍성한 책이다. 이 책을 읽는 독자들은 간구 기도의 유형을 재발견하고, 개인의 삶과 교회 공동체에서 다시 활력 넘치는 간구 기도를 시도해 볼 용기를 얻을 것이다.

리사 보언스 박사 프린스턴 신학대학원 신약학 조교수, 『아프리카계 미국인의 바울 읽기』(*African American Readings of Paul*)의 저자

하나님께 간구하는 기도

IVP(InterVarsity Press)는
캠퍼스와 세상 속의 하나님 나라 운동을 지향하는
IVF(InterVarsity Christian Fellowship)의 출판부로
생각하는 그리스도인을 위한 문서 운동을 실천합니다.

To You All Hearts Are Open
Original edition published by Paraclete Press, Brewster, Massachusetts, USA
ⓒ 2021 by Scot McKnight
This Korean edition is translated and used by permission of Paraclete Press,
through arrangement of rMaeng2, Seoul, Republic of Korea.
All rights reserved.

This Korean edition ⓒ 2023 by Korea InterVarsity Press
156-10 Donggyo-ro, Mapo-gu, Seoul 04031, Republic of Korea.

이 한국어판의 저작권은 알맹2를 통하여
Paraclete Press와 독점 계약한 IVP에 있습니다.
신 저작권법에 의하여 한국 내에서 보호받는 저작물이므로
무단 전재와 무단 복제를 금합니다.

하나님께 간구하는 기도

성경과 교회 전통에서 배우는
기도의 모범

TO YOU
ALL HEARTS ARE
OPEN

스캇 맥나이트

신지철 옮김

Ivp

토드 헌터 주교님께
이 책을 바칩니다.

전능하고 모든 선한 것을 창조하며 베푸시는 주 하나님,

우리 마음속에 당신의 이름이 간직한 사랑을 새겨 주소서.

우리의 참 신앙이 성장하게 하소서.

우리를 모든 좋은 양식으로 먹여 주소서.

우리 안에 온갖 선한 일의 열매를 맺게 하소서.

아버지 하나님은 성령과 함께

한 분 하나님이신 우리 주 예수 그리스도를 통하여

영원히 사시며 다스리십니다. 아멘.

성령 강림절 이후 17번째 일요일 본기도

차례

서론   11

1부   성경적 간구의 모범 다시 발견하기
    1. 족장들로부터 다윗과 솔로몬까지   23
    2. 예수님으로부터 초기 교회까지   43

2부   교회의 간구 모범 기억하기
    3. 본기도란 무엇인가   59
    4. 본기도의 요소들   71

3부   교회의 간구 모범에 다시 활력 불어넣기
    5. 올바른 자세 취하기   85
    6. 하나님께 간청하기   93
    7. 하나님 떠올리기   119
    8. 하나님 기대하기   145
    9. 하나님께 말 걸기   161
    10. 성령 안에서 그리스도를 통해 하나님께 나아가기   185
    11. 실천: 요약   189

부록 공기도에서 최선 끌어내기   199
후기   215
주   219

일러두기
이 책의 성경 인용은 '개역개정' 성경을 기본으로 삼되, 원문에 가까운 해석을 위해 '새번역' 성경도 사용했습니다.

서론

그리스도인들은 하나님께 기도하며, 하나님과 말하는 사람들이다. 어떤 그리스도인들은 조용히 기도할 때, 하나님의 음성을 듣는다고 주장한다. 심지어 어떤 이들은 그 옛날 모세처럼 직접 하나님의 음성을 듣는다고 주장한다. 우리가 드리는 어떤 기도들은 **간구**(petitions)로 불린다. 그래서 이런 종류의 기도는 '간구 기도'(petitionary prayer)로 불린다. 어떤 성경 독자는 성경 안에 600개 이상의 "명확한 기도"가 있다고 추산했다![1] 간구 기도는 감사 기도, 경배 기도 및 참회 기도와 구별되어야 한다. 때때로 우리가 하나님께 말하는 것은 이 기도의 어떤 범주에도 적합하지 않거나, 적어도 그런 범주에서 대체로 자연스럽게 벗어난다.

우리는 묵상에 몰두하지만, 심지어 어떤 때는 우리 자신이 기도를 시작했다는 사실조차 알아차리지 못한다. 시편을 주의 깊게 읽으면 시편 기도 가운데 일부는 묵상, 사색, 방황임을 깨닫는다. 기독교 영성 저자들은 기도는 종종 묵상을 통해서 이루어진다는 사실을 경험과 대화를 통해 인지한다. 산책하거나 일상적인 운동을 할 때, 출퇴근 중일 때, 혹은 커피나 차를 마실 때, 창밖을 응시하거나 한밤중에, 또는 평소의 기상 시간보다 30분 정도 일찍 일어났을 때 무언가를 생각한다면, 우리는 묵상하는 셈이다. 심지어 기도한다고도 할 수 있다. 이것은 우리가 생각보다 훨씬 더 많이 기도할지도 모른다는 사실을 넌지시 알려 준다.

이 책은 하나님 앞에 있는 것 그리고 하나님께 무언가를 구하거나 간구하는 데 초점을 맞춘다. 이것은 하나님의 자녀로서 삶에서 경험하는 가장 위대한 특권이며 기회 가운데 하나다. 그렇다면 어떻게 우리는 하나님께 간구하는가? 이 책은 성경이 가르치고 교회가 배워 온 전통을 통해서 간구하는 기도를 설명한다. 교회는 '간구'라고 불리는 독특한 기도 양식을 형성하고 이를 익혀 왔다. 오늘날 그와 같은 기도 모음을 '본기도'(Collect)라고 부른다. 간구하는 기도의 형태를 지닌 본기도는 성경에서 수천 년간 연마되어 왔으며, 하나님께 더 훌륭하게 간구하는 법을 가르쳐 준다. 그리고 그것을 공기도뿐만 아니라, 개인 기도에서도 활용한다.

목회자의 기도, 신자의 기도

어린 시절, 우리 가족은 일리노이주, 프리포트시의 엠파이어(Empire)와 블랙호크(Blackhawk)의 모퉁이에 자리 잡은 침례교회에 다녔다. (교회에 "다녔다"라는 표현으로는 그 경험을 충분하게 설명할 수 없다. 우리 가족은 교회의 문이 열릴 때마다 그곳에 있었다. 우리는 종종 다른 사람들을 위해서 교회의 문을 열었고, 다른 사람들이 모두 교회를 떠난 다음에는 교회의 문을 잠갔다.) 우리 목사님은 일요일 아침 예배 때마다 이른바 '목회 기도'(Pastoral Prayer)를 드렸다. 이것은 목사님이 신도를 위해서 드리는 간구 기도로, 교회에 꼭 필요한 사항이라고 알고 있는 사실에 기초해서 드리는 기도다. 목회 기도는 때때로 15분 정도 또는 그 이상 이어졌다. 우리는 목사님이 길게 기도하시는 것에 개의치 않았다. 그 당시 목사님들은 목회 기도를 그렇게 하셨으니까. 기도 양식(form)은 기억나지 않지만, 목사님이 교인들 앞에서 공적으로 기도하셨던 사실은 기억한다. 내가 **목사님처럼 기도하는 법을 배우면서, 개인 기도뿐만 아니라 공기도까지 배웠다**고 표현해도 과언이 아니다. 나는 설교의 목적으로 여러 교회에 지금까지 15년 이상 정기적으로 여행을 다녔다. 그런데 일요일 오전에 목회 기도를 드리는 목사들의 수는 한 손에 꼽을 만큼 적다. 그 수는 한 손을 다 채우지 못한다. 목회자들은 더는 일요일마다 신앙 공동체를 위해서 목회 기도를 드리지 않는다. 그뿐 아니라, 우리의 교회들에서 드리는 공기도

서론

는 성경이 기도에 대해서 본보기를 보여 주는 방식, 교회가 간구 기도를 드리는 법을 배운 방식과 연관성이 별로 없다.

그러므로 우리는 간구 기도를 회복할 필요가 있다. 나는 목회자들이 이 기도를 회복하는 방향으로 신자들을 이끌 수 있다고 믿는다. 우리의 기도가 응답받지 못하는 이유 중 하나는 (성경 자체에서 사용되는 표현을 반영한다면) 우리가 구하지 않는다는 **사실**에 있다. 또 다른 이유는 교회로서 우리가 **어떻게** 구할지 잊어버렸다는 점이다. 이 책은 하나님께 구하지 않는다는 **사실**보다 **어떻게** 구하는지에 더 관심을 기울인다.

우리 집에서 아버지는 저녁 식사를 하거나 장거리 가족 여행을 떠나기에 앞서 늘 기도하곤 했다. 저녁 식사 때, 아버지가 드리는 기도 내용은 거의 똑같았다. 하지만 개인적으로 신앙의 열심이 넘치거나 특별히 감동하셨을 때는 아버지의 기도도 길어졌다. 나는 아버지의 기도를 들으면서, 기도하는 법을 배웠다. 그래서 오늘날에도 내가 드리는 어떤 기도들은 아버지가 하셨던 기도와 비슷하다. 그리고 어린 시절 우리 교회 목사님이 기도하셨던 것처럼 말하는 경우도 있다.

나 역시 교회 안에서 기도의 용사들에 관한 이야기들을 들으면서 성장했다. 그 이야기들은 내 신앙생활을 형성해 주었다. 그 대부분의 이야기는 우리 교회에서 온종일 기도하셨던, 적어도 그렇게 보였던 나이 지긋한 어른들에 관한 내용이었다. 존 웨슬리(John

Wesley)의 어머니에 관한 이야기들을 들었다. 그것이 사실인지 아닌지는 그다지 상관이 없다. 그녀는 일주일에 한 시간씩-셀 수 없이 많은-스물네 명의 자녀를 위해서 차례차례 기도했다고 한다. 더 중요한 사실은 우리가 매주 수요일 저녁 7시에 기도 모임을 했다는 점이다. 기도하기 위해서 그 모임에 수십 명이 모였다. 처음에는 교회 안에서 모두 함께 모여서 기도했다. 그러고 나서는 소그룹별로 기도했다. 나는 우리 교회의 목사님과 아버지에게서 기도를 배웠을 뿐만 아니라, 다른 신자들의 기도 소리를 듣고 모방함으로써 기도를 배웠다. 따라서 나는 '킹 제임스' 영역본에 사용된 영어로 매우 쉽게 기도하는 법을 배웠다. 그래서 내게는 "Thou art"란 표현도 "You are"나 마찬가지로 자연스럽다. 최근에 아흔 살의 나이로 소천한 아버지는 이 세상을 떠나기 전까지 킹 제임스 영역본에 쓰인 영어로 기도하셨다. 그리고 나는 아직도 아버지가 기도하는 소리를 들을 수 있다. 지금도 그분은 여전히 이런 방식으로 기도하신다. 바로 그것이 아버지가 기도를 배운 방식이기 때문이다.

우리 아버지와 마찬가지로, 이제 기도의 용사들은 거의 하늘나라로 갔으며, 매주 열리던 기도 모임도 거의 없어졌다. 그래서 요즘 사람들이 어떻게 기도를 배우는지 의아스럽다. (기도하는 법을 배우기 위해서 자신들을 열성적으로 몰아붙이는 십 대들을 제외하고 말이다.) 물론 기도를 통해서 기도를 배운다. 그렇다면 그들이 본으로 삼을 수 있는 기도는 어떤 것인가? 기도의 유형은 무엇인가? 무엇을 기도의 사례로 여길 수 있는가? 교회의 신자들은 그들이 바라는 것을 하나님께 구하는 방법을 어떻게 배우는가? 나아가 그들이 바라는 바를 올바로 표현하는 법을 어떻게 배우는가? 과연 그들은 시편뿐만 아니라, 성경에 수록된 다른 기도들도 주의 깊게 살펴보는가? 과연 그들은 교회가 편집해서 집대성한 많은 기도를 참고하는가? 왜냐하면 그 기도들은 외우기 쉽고 소중한 내용을 담고 있기 때문이다.

나는 존 베일리(John Baillie, 1886-1960)의 기도 사례에 기초해서 한 가지 질문을 제기하고자 한다. 그는 목회자이자 교수였으며 기도하는 사람이었다. 1936년에 간행된 기도에 관한 그의 책은 고전이 되었다.[2] 나는 그가 작성한 기도 사례를 제시하며 다음과 같은 질문을 제기하고자 한다. 그는 이렇게 기도하는 법을 어디서 배웠을까?

오 영원히 복되신 하나님,
하나님은 내게 안식을 위해서 밤을 주셨으며,
노동과 섬김을 위해서 낮을 주셨습니다.
지난밤의 단잠으로 원기를 회복했으니,
이제 마주한 오늘의 삶 가운데
주님께 더 큰 영광을 돌리게 하소서.
내 안에서 게으름이 자라나지 않게 하소서.
오히려 더 부지런히 행동하고,
더욱더 기꺼이 주님께 순종하도록

나를 보내소서.

물론 그는 교회와 집에서 기도하는 법을 배웠을 것이다. 그의 아버지는 목회자였다. 그의 동생 가운데 한 명은 선교사였으며, 다른 한 명은 유명한 신학자였다. 그는 하나님께 말하는 법을 킹 제임스 영역본 표현으로 배웠다. 그는 앞에서 언급한 기도를 다음과 같은 간구들로 이어 간다.

> 오 하나님, 나를 가르치소서. 오늘 내 삶에 주어진 모든 상황을 사용해 내 안에서 죄의 열매가 아니라, 거룩함의 열매를 빚어내게 하소서.
> 실망을 참을성의 재료로 사용하게 하소서.
> 성공을 감사의 재료로 사용하게 하소서.
> 해결되지 않은 상황을 인내의 재료로 사용하게 하소서.
> 위험을 용기의 재료로 사용하게 하소서.
> 책망을 오래 참음의 재료로 사용하게 하소서.
> 칭찬을 겸손의 재료로 사용하게 하소서.
> 기쁨을 절제의 재료로 사용하게 하소서.
> 고통을 인내력의 재료로 사용하게 하소서.

오 주 예수 그리스도여, 주님은 자기 앞에 있는 기쁨을 위하여 부끄러움을 개의치 않고, 십자가의 고통을 참으셨습니다. 그리고 주님은 이제 하나님의 보좌 우편에 앉아 계십니다. 당신께 그토록 저항한 죄인들을 참으신 주님을 생각하게 하사, 내가 지치고 낙심하지 않게 하소서.

'그러나 그 수고가 너를
어느 날 온전히 나의 것이 되게 하리라.
그리고 네 슬픔이
나의 보좌 옆에서 끝나리라.'

거룩하신 하나님, 하나님 앞에서 내 모든 친구와 내 가족들의 친구들을 떠올립니다. …그들을 위해서…특별히 하나님께 간청합니다. 그들이 죄를 짓지 않도록 하나님의 크신 사랑으로 그들을 지켜 주소서. 하나님의 완전한 뜻과 일치하도록 오늘 그들의 모든 행위를 이끌어 주소서. 아멘.

오렌지색 레저 슈트처럼, 정말로 그의 기도 언어는 옛날 문체로 표현되어 있다. 그렇지만 그 용어들은 교묘하게 선택되었으며, 그 표현들은 감동적이다. 그러나 여기서 드러난 그의 바람은 때로 우리가 드리는 기도보다 우리의 바람을 훨씬 잘 표현한다. 또다시 나는 다음과 같은 질문을 제기하고자 한다. 과연 우리는 이렇게 기도하는 법을 어디서 배울까? 그렇다. 존 베일리는 자신의 아버지, 그의 가정, 그의 교회…곧 그가 속했던 스코틀랜드 교회에서 이처럼 기도하는 법을 배웠다. 맞다. 그는 성경에서도 배웠다. 성경은 교회 안에 기도의 역사를 만들어서, 오늘날까지 이어지게 했다. 또한 성경은 부모와 목회자와 친구의 기도에 올바른 본보기를 제공해 주었다. 기도와 관련해서, 여러분과 나는 오늘도 성경이 빚어낸 축적된 지혜를 듣는다. 앞에서 언급한 존 베일리의 기도에서 첫 번째 단락은 지금 성공회의 본기도에 포함되어 있다.

이제 이 책에서 성경을 살펴봄으로써 **간구 기도의 본보기**를 발견할 것이다. 성경은 그 안에 수록된 기도들을 통해서 **우리가 원하는 바를 하나님께 구하는 가장 훌륭한 방식**을 가르쳐 준다. 물론 성경 안에 수록된 모든 기도가 서로 같지는 않다. 그렇지만 거기에는 변하지 않는 어떤 기도의 원리가 있다. 성경의 기도들을 훑어봄으로써 그 원리를 쉽게 찾아낼 수 있다. 사실상 신약성경 안에 들어 있는 기도들은 성경적인 기도의 본보기를 제시하는 구약성경 안에 그 뿌리를 내리고 있다. 그러나 신약성경은 구약성경의 본보기에 중요한 세 요소를 덧붙여 준다. 우리는 2장에서 그 점을 다룰 생각이다.

1부

성경적 간구의 모범 다시 발견하기

1장
족장들로부터 다윗과 솔로몬까지

사람들은 기도하며, 언제나 기도했다. 우리가 생각에 잠기며, 이리저리 심사숙고하듯이, 기도는 자연스러운 것이다. 우리는 이전에는 기도하는 사람들이었지만 이제는 이전만큼 기도하지 않는다. 우리가 (잘) 기도하지 않는 한 이유는 어떻게 기도할지 알지 못하기 때문이다. 어떻게 기도할지 알지 못하는 한 가지 이유는 무슨 일인지 우리가 성경에서 간구 기도를 어떻게 묘사하는지 배우지 않았기 때문이다. 나는 교회와 강의실과 소그룹 모임에서 사람들의 기도를 들어 본 경험을 통해 간구 기도에 대한 우리의 지식이 부족하다는 주장을 펼치게 되었다. 나는 그 현상을 비판하려는 것이 아니다. 오히려 간구 기도에 대한 성경의 본보기를 다시 발견해서, 우리가 기도를 더욱더 효과적으로 드릴 수 있도록 권면하려는 것이다.

이 본보기를 다시 발견하기 위해 구약성경에서 몇 개의 기도들을 자세히 살펴보려 한다. 여기에는 창세기에 나오는 족장들의 세 기도가 있다.³ 성경에서 가장 이른 시기에 나타나는 이 세 기도에서 우리가 기도에 관해 무엇을 배울 수 있는지 질문하면서 이제 이 책을 시작할 수 있다. 아브라함의 종 엘리에셀의 기도로부터 시작하고자 한다. 아브라함은 자기 아들 이삭의 아내를 구해 오라는 임무를 맡기며, 엘리에셀을 자신의 고향으로 보냈다.

그가 이르되 "우리 주인 아브라함의 하나님 여호와여, 원하건대 오늘 나에게 순조롭게 만나게 하사 내 주인 아브라함에게 은혜를 베푸시옵소서. 성중 사람의 딸들이 물 길으러 나오겠사오니 내가 우물 곁에 서 있다가 한 소녀에게 이르기를 '청하건대 너는 물동이를 기울여 나로 마시게 하라' 하리니, 그의 대답이 '마시라, 내가 당신의 낙타에게도 마시게 하리라' 하면 그는 주께서 주의 종 이삭을 위하여 정하신 자라. 이로 말미암아 주께서 내 주인에게 은혜 베푸심을 내가 알겠나이다." (창 24:12-14)

엘리에셀은 하나님을 "야웨"라고 부른다. 영역 성경에서 "Lord"는 하나님을 가리키는 히브리어 이름, 야웨(Yahweh 또는 YHWH)에 대한 존칭이다. 또한 그는 하나님을 "나의(개역개정에는 "우리"로 표현됨) 주인 아브라함의 하나님"이라고 부르며 말을 건다. 그러고 나서 "나에게 순조롭게 만나게 하사"라고 간구하기 시작한다. 이것은 "내 주인 아들의 아내감을 찾도록 도와주소서"를 의미한다. 그는 하나님과 협상을 통해, 구체적인 내용을 말하는 소녀를 이삭의 아내로 정해 달라고 간청한다. 그는 하나님께 **말을 걸고** 또한 하나님께 **간구한다**. 그러나 그의 간구는 또한 일종의 협상 형태(a form of negotiating)를 띤다.

어떤 사람들은 하나님과 협상하는 것이 불경(不敬)하다고 생각한다. 우리는 그들에게 그런 생각을 극복하라고 말하고 싶다. 우리는 다음 사건을 떠올려 볼 수 있다. 창세기 18:16-33에서 아브라함, 세 사람과 하나님은 도성 안에 의인이 몇 명 있으면 하나님이 그 도성을 멸망시키시지 않을지에 대해서 협상한다. 야곱도 그 관행을 물려받았음이 틀림없다(창 28:18-22).[4] 소돔을 용서하는 것과 관련해서 하나님과 아브라함의 협상은 성경에서 기드온의 양털(삿 6장)과 관련된 협상과 견줄 수 있다. 또한 한나도 하나님과 협상한다. 한나는 하나님께 다음과 같은 의미로 말한다. "만약 하나님이 제게 아들을 주시면, 제가 그 아이를 주님께 드리겠습니다"(삼상 1장). 그리고 사무엘상 8장에서 사무엘도 왕이신 하나님(신정 정치) 대신에, 이스라엘에 한 사람을 왕으로 세워 달라(군주 정치)는 이스라엘의 요구에 대해 하나님과 협상하는 듯이 보인다. 나아가 히스기야왕도 몇 년을 더 살게 해 달라고 하나님과 협상한다(왕하 20:1-3).

야곱

야곱이 또 이르되 "내 조부 아브라함의 하나님 내 아버지 이삭의 하나님 여호와여, 주께서 전에 내게 명하시기를 '네 고향, 네 족속에게로 돌아가라. 내가 네게 은혜를 베풀리라' 하셨나이다. 나는 주께서 주의 종에게 베푸신 모든 은총과 모든 진실하심을 조금도 감당할 수 없사오나 내가 내 지팡이만 가지고 이 요단을 건넜더니 지금은 두 떼나 이루었나이다. 내가 주께 간구하오니 내 형의 손에서, 에서의 손에서 나를 건져 내시옵소서. 내가 그를 두려워함은 그가 와서 나와 내 처자들을 칠까 겁이 나기 때문이니이다. 주께서 말씀하시기를 '내가 반드시 네게 은혜를 베풀어 네 씨로 바다의 셀 수 없는 모래와 같이 많게 하리라' 하셨나이다." (창 32:9-12)

여기서 또다시 야곱은 하나님을 "내 조부 아브라함의 하나님, 내 아버지 이삭의 하나님"이라고 부르며, 또한 "여호와"라는 호칭을 사용해 하나님께 말을 건다. 그러고 나서, 야곱은 하나님이 이전에 그에게 내리신 명령("네 족속에게로 돌아가라")을 떠올린다. 그리고 그는 자기가 하나님의 풍성한 축복을 받을 자격이 없다("조금도 감당할 수 없사오나")는 사실을 고백한다. 이제 야곱은 핵심 사항을 말한다. "내 형의 손에서, 에서의 손에서 나를 건져 내시옵소서." 그다음 그는 하나님의 약속("[그러나] 주께서 말씀하시기를")을 두 번째로 떠올린다. 이처럼 야곱은 하나님께 **말을 걸고**, 하나님의 약속을 **떠올리고**, 하나님께 **간구한다**. 여기에 주목할 만한 사항이 있다. 야곱은 하나님께 간구하는 한 방법으로서 하나님께 그분의 방법들을 상기시킨다. 야곱의 경우와 같은 이런 떠올리기는 하나님을 긍정하는 한 형태이기도 하다.

야곱의 기도에 대해서 하나 더 언급하고자 한다. 이제 이스라엘이라고 불리는 야곱은 요셉의 두 아들(에브라임과 므낫세)의 머리에 손을 얹고 축복 기도를 한다. 이 축복은 축복 그 자체가 실행되게 하는 일종의 간구 기도다.

이스라엘이 오른손을 펴서 차남 에브라임의 머리에 얹고 왼손을 펴서 므낫세의 머리에 얹으니 므낫세는 장자라도 팔을 엇바꾸어 얹었더라. 그가 요셉을 위하여 축복하여 이르되,

"내 조부 아브라함과 아버지 이삭이 섬기던 하나님, 나의 출생으로부터 지금까지 나를 기르신 하나님, 나를 모든 환난에서 건지신 여호와의 사자께서 이 아이들에게 복을 주시오며 이들로 내 이름과 내 조상 아브라함과 이삭의 이름으로 칭하게 하시오며 이들이 세상에서 번식되게 하시기를 원하나이다."
(창 48:14-16)

또다시 하나님은 "하나님 앞에서"("the God before whom", NRSV)

및 "나의 목자가 되어 주신 하나님"(새번역)이라는 표현으로 소개된다. 또한 야곱은 이 표현에 [하나님의] 사자("나를 모든 환난에서 건지신 여호와의 사자", 16절)라는 말을 덧붙인다. 그러고 나서 그는 자신의 손자들을 축복하고, 그들을 통해서 그의 조상들의 이름과 함께 자기의 "이름이 계속 보존되기를" 간청한다. 또 야곱은 "이들이 세상에서 번식되게 하시기를 원하나이다"라고 다른 간청을 한다. 그것은 구약성경에서 가장 의미심장한 약속들과 주제 가운데 하나다. 사람들에게 축복 기도를 하는 행위는 일종의 중보 기도이자 간구로, 기도하면서 그는 누군가에게 복을 내려 달라고 하나님께 간구한다. 그런 기도가 민수기 6장에서 영광스럽고 아름다운 말로 다음과 같이 절정을 이루며 표현된다.

여호와께서 모세에게 말씀하여 이르시되 아론과 그의 아들들에게 말하여 이르기를, 너희는 이스라엘 자손을 위하여 이렇게 축복하여 이르되,
  "여호와는 네게 복을 주시고 너를 지키시기를 원하며,
  여호와는 그의 얼굴을 네게 비추사 은혜 베푸시기를 원하며,
  여호와는 그 얼굴을 네게로 향하여 드사 평강 주시기를 원하노라."
    (민 6:22-26)

성경에서 간구 기도를 구성하는 몇몇 요소는 이제 이미 나타났다.

곧 하나님께 말을 걸고, 하나님을 떠올리며, 하나님께 간구하고, 하나님의 약속을 실행하며, 때로는 하나님과 협상하기도 한다.

모세

모세의 생애는 잘 알려져 있다. 그는 이집트에서 태어났고, 갈대 상자에 담겨 나일강의 갈대 사이에 버려졌지만, 하나님의 섭리로 바로의 딸이 그를 구해 주었다. 그는 특권층과 권력층 한가운데서 성장했다. 자신의 과거를 잘 알고 있던 모세는 히브리 사람을 때린 어떤 이집트 사람을 때려 죽이는 죄를 범한다. 그러고 도망간 곳에서 이스라엘 자손을 해방시키라는 하나님의 부르심을 받는다. 하나님은 모세를 통해서 "열 가지 재앙"으로 불리는 강력한 이적들을 행하신다. 열 번째 재앙과 더불어 하나님의 강력한 구속 사건이 뒤따른다. 이스라엘 자손은 이집트 땅에서 첫 번째 유월절을 지킨 뒤 이집트 땅을 빠져나와서 홍해를 건넌다. 그리고 광야에서 유랑 생활을 한다. 하나님은 시내산에서 이스라엘 백성에게 율법을 주신다. 마침내 그들은 하나님이 주신 약속의 땅으로 들어가기 위해서 북쪽을 향해 나아간다. 그러나 그 과정에서 모세의 어두운 측면이 이따금 나타난다. 그러자 하나님은 모세 그 자신은 이스라엘 자손을 이끌고 요단강을 건너가시 못하리라고 말씀하신다. 그때 모세는 마지막으로 하나님께 다음과 같이 진지하게 간청한다.

그때에 내가 여호와께 간구하기를 "주 여호와여 주께서 주의 크심과 주의 권능을 주의 종에게 나타내시기를 시작하셨사오니, 천지간에 어떤 신이 능히 주께서 행하신 일 곧 주의 큰 능력으로 행하신 일같이 행할 수 있으리이까! 구하옵나니 나를 건너가게 하사 요단 저쪽에 있는 아름다운 땅, 아름다운 산과 레바논을 보게 하옵소서." (신 3:23-25)

이 기도에서 모세는 ("여호와"와 "주 여호와")라고 부르면서 하나님께 말을 건다. 그리고 하나님께 그분의 권능으로 놀라운 일들을 일으키신 것을 떠올리게 한 뒤, 다음과 같은 무한한 찬사로 그 사실을 강조한다. "천지간에 어떤 신이 능히 주께서 행하신 일 곧 주의 큰 능력으로 행하신 일같이 행할 수 있으리이까!" 이처럼 떠올리고 나서야 비로소 모세는 자기가 원하는 바를 하나님께 간청한다. "나를 건너가게 하사…아름다운 땅을 보게 하옵소서." 이처럼 모세는 **말을 걸고 떠올리고 간청한다.**

모세의 또 다른 기도도 이와 같은 유형으로 되어 있다. 다양한 서체로 표현된 이 기도에는 이와 같은 간구의 다양한 요소들이 나타난다.

여호와께 간구하여 이르되, "주 여호와여, 주께서 큰 위엄으로 속량하시고 강한 손으로 애굽에서 인도하여 내신 <u>주의 백성 곧 주의 기</u>

업을 멸하지 마옵소서. 주의 종 아브라함과 이삭과 야곱을 생각하사 이 백성의 완악함과 악과 죄를 보지 마옵소서. [그렇게 하지 않으시면] 주께서 우리를 인도하여 내신 그 땅 백성이 말하기를 '여호와께서 그들에게 허락하신 땅으로 그들을 인도하여 들일 만한 능력도 없고 그들을 미워하기도 하사 광야에서 죽이려고 인도하여 내셨다' 할까 두려워하나이다. 그들은 주의 큰 능력과 펴신 팔로 인도하여 내신 주의 백성 곧 주의 기업이로소이다" 하였노라. (신 9:26-29)

이 기도가 얼마나 절박한지 주목하라. ("주 여호와여")라고 순식간에 말을 걸고 나서, 모세는 "멸하지 마옵소서" "생각하사" "…을 보지 마옵소서"라고 하나님께 간구하기 시작한다. 세 개로 이루어진 이 간청의 구조 안에 하나님이 누구시고, 어떤 일을 행하셨으며, 또한 무엇을 약속하셨는지와 관련된 몇 가지 설득력 있는 사항들의 기억들이 짜 맞추어져 있다. 여기에 구약성경의 간구 유형에 어울리는 또 하나의 요소가 추가된다. 곧 하나님이 그분의 영광을 보전하거나 확립하시기를 기대하면서, 간구에 응답해 달라고 하나님께 호소하는 것이다. 이 호소는 "그렇게 하지 않으시면"(개역개정에는 히브리어 접속사 '펜'(히브리어 음역)이 번역되지 않았다—옮긴이) "그 땅 백성이"로 시작되어, [이스라엘 백성을] "광야에서 죽이려고 인도하여 내셨다 할까 두려워하나이다"로 이어신다(앞에서 기울임 강조체로 표현).

이처럼 하나님께 말을 걸고, 하나님의 영광을 세우기를 기대하면서 하나님을 떠올리고,[5] 간구하거나 간청하는 것은 성경의 간구 본보기에 포함된 요소들이다. 나중에 교회에서는 이 본보기를 교회 자체의 기도로 가르치고 구체화했다.

다윗과 시편

위치상 성경의 가운데쯤에 시편으로 불리는 기도 모음집이 있는데, 그 가운데 많은 기도가 간구로 되어 있다. 시편에서는 하나님의 백성이 하나님께 간구하는 법을 어떻게 배웠는지를 보여 준다. 바로 우리가 여기서 제시하는 기도 유형이기도 하다. 그와 같은 모범적인 간구가 시편 3편에서 발견된다. 다윗은 자신이 직면한 문제점, 자신의 감정과 경험을 언급하며 이렇게 기도하기 시작한다. "여호와여, 나의 대적이 어찌 그리 많은지요! 일어나 나를 치는 자가 많으니이다. 많은 사람이 나를 대적하여 말하기를 '그는 하나님께 구원을 받지 못한다' 하나이다. (셀라)"(시 3:1-2). (히브리어 용어 '셀라'가 정확히 무엇을 의미하는지 아무도 알지 못한다.) 사람들은 다윗이 이스라엘의 하나님을 신실하게 의지한다고 그를 빈정댄다. 그래서 그는 하나님이 어떤 분이신지에 대해 하나님께 이렇게 말한다. "여호와여, 주는 나의 방패시요, 나의 영광이시요, 나의 머리를 드시는 자이시니이다"(시 3:3). 그러고 나서 그는 하나님이 자기의 간구에 응답하신다고 말한다. "내가 나의 목소리로 여호와께 부르짖으니 그의 성산에서 응답하시는도다. (셀라)"(시 3:4). 참으로 셀라다. 나는 이스라엘의 왕 다윗이 드린 많은 기도 여기저기에서 자신의 대적들에 대해서 불만을 쏟아 놓는다는 사실을 오래전부터 인지했다. 종종 혹시 오늘날 정치가들도 다윗이 그랬던 것처럼 하나님께 불평을 늘어놓는지 궁금하기도 했다.

시편 10편을 예로 들어 보자. 또다시 이 시편에서도 다윗의 경험과 감정이 풍부하게 표현된다. "여호와여, 어찌하여 멀리 서시며 어찌하여 환난 때에 숨으시나이까"(시 10:1). 이처럼 다윗은 매우 솔직하게 표현한다. 특히 이와 같은 기도를 시작할 때 매우 과감한 표현을 사용한다. 그러고 나서 그는 대적들의 박해, 음모, 자기 과시, 교만, 간계, 저주 등 그 밖에 다양한 것에 대해서 말한다. 그리고 이 모든 것은 다음 간구로 이어진다. "여호와여 일어나옵소서. 하나님이여 손을 드옵소서. 가난한 자들을 잊지 마옵소서"(12절). 그다음 그는 "악인의 팔을 꺾으소서"(15절)라고 거칠게 간구한다. 왜 이런 간구를 하는가? 다윗은 "여호와께서는 영원무궁하도록 왕이시니"라고 고백하며, 하나님과 그분이 행하신 일을 기억한다. 그리고 이렇게 소망을 표현한다. "여호와여 주는 겸손한 자의 소원을 들으셨사오니 그들의 마음을 준비하시며 귀를 기울여 들으시고 고아와 압제당하는 자를 위하여 심판하사 세상에 속한 자가 다시는 위협하지 못하게 하시리이다"(17-18절). 이처럼 다윗의 기도는 다음과 같은 유형에 들어맞는다. 그는 하나님께 말하며, 하나님께 그분이 이전에 하신 일들을 상기시키며, 그다음 어떤 사항에 대해서 곧바로 간청한다.

내가 선호하는 기도 가운데 하나는 정서적인 측면에서 강렬한 경험을 통해 나오는 기도다. 그런 경험 때문에 우리는 밤마다 의기소침한 채 이것저것을 깊이 생각한다. 그러고 나서 갑자기 하나님이 행하신 일들을 기억하며 숙고하는 상태로 이어진다. 이와 같은 기도가 시편 77편에서 발견되는 아삽의 기도다. 그 기도에 해당 유형이 지닌 여러 요소가 나타나거나 잠재해 있다. 기도는 인간의 경험, 감정에서 시작해 하나님의 도우심에 대한 필요성으로 넘어간다. 그래서 아삽은 자신의 경험 가운데서 기도하기 시작한다. 그렇지만 그는 자기가 위로받기조차 거절했다고 하나님께 시인한다. 심지어 그는 하나님이 자기를 고통 가운데서 신음하게 하신다고 생각한다.

내가 내 음성으로 하나님께 부르짖으리니
　내 음성으로 하나님께 부르짖으면 내게 귀를 기울이시리로다.
나의 환난 날에 내가 주를 찾았으며
　밤에는 내 손을 들고 거두지 아니하였나니
　내 영혼이 위로받기를 거절하였도다.
내가 하나님을 기억하고 불안하여
　근심하니 내 심령이 상하도다. (셀라) (시 77:1-3)

그는 계속해서 그렇게 할 때, "주께서 내가 눈을 붙이지 못하게"
하신다고 불평한다. 심지어 그는 자신의 고통을 묘사할 말을 찾을
수 없다고 시인한다. 곧 그는 "내가 괴로워 말할 수 없나이다"라고
주장한다. 우리 가운데 많은 사람은 고통의 한가운데 있을 때, 고통
이 없던 시기를 떠올린다. 이처럼 아삽도 하나님께 기도하며, 혹시
하나님이 그를 영원히 잊어버리지 않으셨는지 큰 소리로 말한다.

내가 옛날
  곧 지나간 세월을 생각하였사오며
밤에 부른 노래를 내가 기억하여
  내 심령으로, 내가 내 마음으로 간구하기를
"주께서 영원히 버리실까,
  다시는 은혜를 베풀지 아니하실까?
그의 인자하심은 영원히 끝났는가?
  그의 약속하심도 영구히 폐하였는가?
하나님이 그가 베푸실 은혜를 잊으셨는가?
  노하심으로 그가 베푸실 긍휼을 그치셨는가?" 하였나이다. (셀라)
또 내가 말하기를, "이는 나의 잘못이라.
  지존자의 오른손[이 변하였도다]." (시편 77:5-10)

11절에서 아삽이 하나님께 초점을 맞춘 채, 그분이 이전에 행하

신 일들을 기억할 때, 그의 숙고에 의미심장한 변화가 일어난다. 그 다음에 그는 하나님을 떠올리기 시작한다.

[내가] 여호와의 일들을 기억하며
　주께서 옛적에 행하신 기이한 일을 기억하리이다.
또 주의 모든 일을 작은 소리로 읊조리며
　주의 행사를 낮은 소리로 되뇌이리이다.
하나님이여 주의 도는 극히 거룩하시오니,
　하나님과 같이 위대하신 신이 누구오니이까?
주는 기이한 일을 행하신 하나님이시라.
　민족들 중에 주의 능력을 알리셨도다.
주의 [강한] 팔로 주의 백성을 속량하셨나이다
　곧 야곱과 요셉의 자손을 속량하셨나이다. (셀라)

하나님이여 물들이 주를 보았나이다.
　물들이 주를 보고 두려워하며
　깊음도 진동하였고
구름이 물을 쏟고
　궁창이 소리를 내며
　주의 화살도 날아갔나이다.
회오리바람 중에 주의 우렛소리가 있으며

> 번개가 세계를 비추며
> 땅이 흔들리고 움직였나이다.
> 주의 길이 바다에 있었고
> 주의 곧은길이 큰 물에 있었으나
> 주의 발자취를 알 수 없었나이다.
> 주의 백성을 양 떼같이
> 모세와 아론의 손으로 인도하셨나이다. (시 77:11-20)

아삽을 고통에서 구원해 달라는 목적을 지닌 간구가 갑자기 마무리된다. 그는 하나님과 그분이 하신 일들을 묵상하고 기억한다. 과거에 하나님이 행하신 일들에 대한 구원의 경험이 너무나도 강렬해서, 고통은 사라지고, 그의 간구는 멈춘다. 겉으로 명백하게 드러나지 않았지만, 그가 간구하는 바는 분명하다. "하나님이여, 나를 구원하소서!"

솔로몬

만약 기도에 등급이나 서열을 매긴다면, 구약성경에서 가장 위대한 기도는 열왕기상 8장에 나온 솔로몬의 기도일 것이다. 나는 이 기도를 간구의 유형에 대한 교훈적인 한 사례로 들고자 한다. 성경에 수록된 기도들에서 이런 유형의 기도는 이미 나타나기 시작했다. 솔로몬의 간구는 "이스라엘 장로들과 이스라엘 자손의 각 가문의 대표인 온 지파의 지도자들"(왕상 8:1, 새번역)을 위한 것이었다. 솔로몬은 야웨의 언약궤를 시온, 곧 '다윗성'에서 성전으로 옮기려고 그들을 불러 모았다. 그동안 언약궤 앞에서는 셀 수도 없이 많은 희생제물이 드려졌다. 언약궤를 지성소에 놓고, 제사장들이 성소에서 나올 때, "구름이 여호와의 성전에 가득"했다. "여호와의 영광"이 성전에 가득했기 때문이다(왕상 8:10-11).

그때 솔로몬왕은 하나님을 불러 말을 걸고(기울임체), 기도를 시작했다. 또한 하나님이 다윗에게 하신 말씀을 떠올린다(밑줄).

주 이스라엘의 하나님을 찬양하십시오. 주님께서는 나의 아버지 다윗에게 친히 말씀하신 것을 모두 그대로 이루어 주셨습니다.

(왕상 8:15, 새번역)

주님께서 말씀하신 대로, 아버지 다윗의 뒤를 이어서, 이렇게 내가 이스라엘의 왕위를 이었으며, 주 이스라엘의 하나님의 이름을 기릴 이 성전을 지었으니, 주님께서는 이제 그 약속을 이루셨습니다. 주님께서는 이집트 땅에서 우리의 조상을 이끌어 내실 때에, 그들과 언약을 세우셨는데, 나는 주님의 언약이 들어 있는 궤를 놓아둘 장소를, 이렇게 마련하였습니다. (왕상 8:20-21, 새번역)

주 이스라엘의 하나님, 위로 하늘에나 아래로 땅에나, 그 어디에도 주님과 같은 하나님은 없습니다. 주님은 온 마음을 다 기울여 주님의 뜻을 따라 사는 주님의 종들에게는 세우신 언약을 지키시고 은혜를 베푸시는 분이십니다. 주님께서는 주님의 종인 내 아버지 다윗 임금에게 약속하신 것을 지키셨으며, 주님께서 친히 그에게 말씀하신 것을 오늘 이렇게 손수 이루어 주셨습니다." (왕상 8:23-24, 새번역)

그다음에 (강조체로 표시된) 간구들이 언급된다. 여기서는 그 가운데서 단지 처음 몇 개만 제시한다.

이제 주 이스라엘의 하나님, **주님께서 주님의 종인 내 아버지 다윗 임금에게 말씀하시기를** "네 자손이 저마다 길을 삼가서, 네가 내 앞에서 살아온 것같이 그렇게 살면, 네 자손 가운데서 이스라엘의 왕위에 앉을 사람이, 내 앞에서 끊어지지 않게 하겠다" **하고 약속하신 것을, 지켜 주시기를 바랍니다.** 그러므로 이제 이스라엘의 하나님, **주님의 종인 제 아버지 다윗 임금에게 약속하신 말씀을 주님께서 이루어 주시기를 빕니다.** (왕상 8:25-26, 새번역)

그러나 주 나의 하나님, 주님의 종이 드리는 기도와 간구를 돌아보시며, 오늘 수님의 종이 주님 앞에서 부르짖으면서 드리는 이 기도를 들어주십시오.

주님께서 밤낮으로 눈을 뜨시고, 이 성전을 살펴 주십시오. 이곳은 주님께서 "내 이름이 거기에 있을 것이다"라고 말씀하신 곳입니다. 주님의 종이 이곳을 바라보면서 기도할 때, 이 종의 기도를 들어주십시오.

그리고 주님의 종인 나와 주님의 백성 이스라엘이 이곳을 바라보며 기도할 때, 그 간구를 들어주십시오. 주님께서 계시는 곳, 곧 하늘에서 들으시고, 들으시는 대로 용서해 주십시오. (왕상 8:28-30, 새번역)

솔로몬의 간구는 신실하신 하나님이 그분의 영광을 보존해 주시기를 간청하면서 마무리 단계에 이른다. 두 번째 줄에서 "…[해] 주시[기]"를 구하는 표현은 간구 기도의 유형에서 또 다른 요소를 표면에 내세운다. 하나님이 그의 간구에 응답하신다면(기울임 강조체로 표시), 그의 기도에서 바라는 목표와 기대는 이루어진다는 것이다. 나아가 솔로몬의 말은 이스라엘 백성이 하나님께 신실하도록 이끌어 준다.

오늘 주님 앞에 드린 이 간구와 기도를, 주 우리의 하나님께서 낮이나 밤이나 늘 기억해 주시기를 바랍니다. *하나님께서 주님의 종과 주님의 백성 이스라엘에게, 날마다 그 형편에 맞게 자비를 베풀어 주시기를 바랍니다. 그렇게 해서, 세상의 모든 백성이, 주님만이*

하나님이시고 다른 신은 없다는 것을, 알게 되기를 바랍니다.

그러므로 그의 백성인 여러분도 주 우리의 하나님과 한 마음이 되어서, 오늘과 같이 주님의 법도대로 걸으며, 주님의 계명을 지키기를 바랍니다. (왕상 8:59-61, 새번역)

매우 긴 솔로몬의 이 기도는 거의 40절에 이르며, 축복의 성격을 띤 구절 6절이 더 있다. 그러나 이 기도는 신학적 측면에서 언약 갱신의 맥락에 전적으로 적합하다.

이제 성경에 나타나는 기도 안에서 솔로몬의 이 기도가 지닌 유형의 요소들을 요약해 보자. 솔로몬은 다음과 같이 기도한다.

1. 하나님께 말을 건다.
2. 하나님을 떠올린다.
3. 하나님께 간청한다.
4. 하나님(의 응답)을 기대한다.

그러나 성경에 수록된 모든 간구에는 대부분 표현되지 않는 숨겨진 요소가 있다. 기도하는 사람은 암시적으로나 분명하게 하나님께 신실할 것을 기대하거나 약속하거나 희망한다. 그리고 하나님의 신실함을 통해서 하나님이 영광 받으시기를 희망한다. 성경의 간구에서 이처럼 '하나님께 (응답을) 기대하는 요소'는 특별히 여기 솔로몬의 기도에서 나타나기 시작한다. (그 요소는 나중에 교회의 기도 전승에서 두드러지게 나타난다.)

* * *

이제 우리는 다음과 같은 질문을 제기해야 한다. **예수님이 오셨을 때, 이 유형은 어떻게 되었는가?** 이 간구 유형의 핵심은 이미 형성되었다. 그러나 예수님은 말을 거는 대상을 다르게 부르셨다. 그리고 사도들은 간구를 마무리하는 방식을 변화시키는 신학의 틀을 만들어 냈다.

2장
예수님으로부터 초기 교회까지

우리는 간구 기도의 유형에서 네 요소를 구분했지만, 그것을 모두 설명하지는 않았다. 그 네 요소는 다음과 같다. 기도하는 사람이 하나님을 불러 말을 걸고, 하나님을 떠올리며, 하나님께 간청하고 나서, 하나님이 그것을 이루어 주시기를 기대하는 것이다. 신약성경 시대에 이르러 이 네 요소에 약간 변화가 생겼다는 사실을 곧 알게 된다. 하지만 그 변화는 모든 것을 달라지게 만들었다. 예수님과 사도들에게 관심을 기울이기에 앞서, 이 유형이 대략 예수님과 사도들과 동시대에 살았던 유대인들의 기도에서 흔히 나타났다는 점을 살펴볼 필요가 있다.

유대교

이스라엘은 이 유형으로 하나님께 기도하는 법을 배웠다. 따라서 유대교에서도 구약성경의 기도를 따라서 이와 같은 방식으로 기도했다. 두 개의 예를 들어 보자. 첫 번째는 창세기 41:45에 기록된 요셉과 아스낫의 결혼 이야기를 확대한 구약의 외경 중 요셉과 아스낫의 사례다. 다음에 소개되는 아름다운 축복 기도와 더불어 사랑과 정결에 대한 이 놀라운 이야기에서 기도의 대상을 부르는 것은 기울임체로, 기도의 대상에 대한 기억은 밑줄로, 또한 간청은 강조체로 표시했다.

아스낫을 바라본 요셉은 그녀를 불쌍히 여겼다. 왜냐하면 요셉은 온유하고 자비가 넘치며 하나님을 두려워하는 사람이었기 때문이다. 그리고 요셉은 자신의 오른손을 들어서, 그녀의 머리 위에 얹고 이렇게 말했다.

"오 주님, 내 아버지 이스라엘의 하나님, 하나님은 지극히 높고 전능하신 분입니다. 하나님은 모든 것을 지으셨으며, (그 모든 것을) 어둠 속에서 빛으로, 오류에서 진리로, 또한 죽음에서 생명으로 불러내셨습니다. 오 주님, 주께서 친히 이 처녀에게 생명을 주시고 복을 내려주소서. 주의 영으로 그녀를 새롭게 하소서. [주님의 은밀한 손으로 그녀를 새롭게 빚으소서]. 주님의 생명으로 그녀를 살리소서. 그녀가 [주님의] 생명의 빵을 먹게 하소서. 그녀가 주님이 복을 내리신 잔을 마시게 하소서. 그녀가 태어나기도 전에, 주님께서 그녀를 선택하셨나이다. 그리고 주님께서 선택하신 이들에게 예비하신 주님의 안식으로 그녀가 들어오게 하소서." (요셉과 아스닷 8:9-11)[6]

9:2에서 아스닷이 우상숭배한 것을 회개하자, 그녀의 기도가 응답받는다. 12장과 13장에서 아스닷은 자신의 죄를 자백한다. 그리고 14장에서 천사는 그녀가 하나님의 은혜를 받았으며, 요셉과 결혼할 것이라고 확인해 준다. 우리 모두에게 교훈을 주는 장면이 나온다. 하나님께 간구하기 위해서 떠올리는 부분을 어떻게 형성하는지 주목해 보라. 이 책에서 이 점에 대해서 나중에 논의할 것이다.

또한 이 유형은 예수님과 사도들이 활동하던 시기에 엄격한 유대인들이 통상적으로 드렸던 기도, 곧 하테필라(*Ha-Tepillah*)에서도 나타난다. 이 기도의 시작 부분에서 언급되는 간구는 하나님만을 부르며, 하나님이 그분의 백성에게 행하신 일들을 떠올린다.

주 우리의 하나님 또한 우리 조상의 하나님, 아브라함과 이삭과 야곱의 하나님, 주님은 복되신 분입니다. 주님은 위내하고 전능하며 두려우신 하나님이며, 지극히 높으신 하나님입니다. 주님은 풍성한 은혜를 베푸시며, 만물을 창조하셨고, 우리 조상에게 은혜로 약속한 것들을 기억하십니다. 또한 사랑이 많으신 주님의 이름을 위해서 그들의 자녀를 구속할 구원자를 보내 주십니다. 도움과 구원을 베푸시며 방패가 되시는 왕이여, <u>아브라함의 방패이신</u> 주님은 복되신 분입니다.

여기 간구 기도 하나를 소개한다. 표준이 되는 이 기도에는 이와 같은 간구가 많이 포함되어 있다.

주 우리 하나님, 우리를 위해서 이 한 해에 복을 내려 주소서. 그리하여 모든 작물을 풍성히 거두게 하소서. 땅에 복을 내려 주소서. 그래서 우리를 좋은 것으로 만족하게 하소서. 그리고 우리의 이 한 해도 좋은 한 해가 되게 하소서. <u>해마다 복을 베푸시는 주님은 복되신 분입니다.</u>[7]

예수님은 자라는 동안, 회당에서 낭독하던 구약성경과 그 내용 설명을 듣고, 이와 같은 기도 또한 들으셨을 것이다. 이런 기도 유형은 예수님이 살던 세계에 표준으로 자리 잡았다.

예수님

나는 주님의 기도로부터 시작하고자 한다. 성경의 많은 기도와 마찬가지로, 주님의 기도는 의도적으로 간략하고 명료한 특징을 지닌다. 예수님의 기도에서 특별히 살펴보아야 할 사항은 기도 유형에서 말을 거는 대상(the Address element)이 바뀐다는 점이다. 하나님, 야웨 하나님과 주님으로 표현되던 말을 거는 대상이 명백하게 **아버지**가 된다. 우리는 주님의 기도에서 간구의 세 요소에 주목하고자 한다. 곧, 하나님 부르기(Address God, 기울임체로 표시), 하나님 떠올리기(Remind God, 밑줄)과 하나님께 간구하기(강조체로 표시)다.

하늘에 계신 우리 아버지여

이름이 거룩히 여김을 받으시오며
나라가 임하시오며
뜻이 하늘에서 이루어진 것같이 땅에서도 이루어지이다.

오늘 우리에게 일용할 양식을 주시옵고
우리가 우리에게 죄 지은 자를 사하여 준 것같이
우리 죄를 사하여 주시옵고,
우리를 시험에 들게 하지 마시옵고,

다만 악에서 구하시옵소서.

주님의 기도 몇몇 사본에서는 다음과 같이 하나님 떠올리기의 요소가 강화된 유형의 축복 기도가 나타난다. 그것은 원래 예수님의 기도에 나오지는 않지만, 대다수 신자는 그 구절을 공적 기도와 개인 기도에서 사용한다.

나라와 권세와 영광이 아버지께 영원히 있사옵나이다. 아멘.

(마 6:9-13)

여기서 우리는 기도의 대상 부르기에 초점을 맞추고자 한다. 단 하나를 제외하고, 복음서에 나오는 예수님의 모든 기도는 **아버지**를 부르는 말로부터 시작된다. 다음 기도들을 주목해 보라.

그때에 예수께서 대답하여 이르시되 "천지의 주재이신 *아버지여*, 이것을 지혜롭고 슬기 있는 자들에게는 숨기시고 어린아이들에게는 나타내심을 감사하나이다. 옳소이다, 이렇게 된 것이 아버지의 뜻이니이다." (마 11:25-26)

돌을 옮겨 놓으니 예수께서 눈을 들어 우러러보시고 이르시되, "*아버지여* 내 말을 들으신 것을 감사하나이다. 항상 내 말을 들으시는 줄을 내가 알았나이다. 그러나 이 말씀 하옵는 것은 둘러선 무리를 위함이니, 곧 **아버지께서 나를 보내신 것을 그들로 믿게 하려 함이니이다."** (요 11:41-42)

"지금 내 마음이 괴로우니 무슨 말을 하리요, '아버지여 **나를 구원하여 이때를 면하게 하여 주옵소서.**' 그러나 내가 이를 위하여 이때에 왔나이다. 아버지여, **아버지의 이름을 영광스럽게 하옵소서."** (요 12:27-28)

예수께서 이 말씀을 하시고 눈을 들어 하늘을 우러러 이르시되, "아버지여 때가 이르렀사오니, **아들을 영화롭게 하사 아들로 아버지를 영화롭게 하게 하옵소서.** 아버지께서 아들에게 주신 모든 사람에게 영원한 생명을 주게 하시려고 만민을 다스리는 권세를 아들에게 주셨음이로소이다.⋯아버지여 **창세 전에 내가 아버지와 함께 가졌던 영화로써 지금도 아버지와 함께 나를 영화롭게 하옵소서.**⋯거룩하신 아버지여 **내게 주신 아버지의 이름으로 그들을 보전하사**⋯아버지여, 아버지께서 내 안에, 내가 아버지 안에 있는 것같이 그들도 다 하나가 되어 우리 안에 있게 하사 **세상으로 아버지께서 나를 보내신 것을 믿게 하옵소서.**⋯아버지여, **내게 주신 자도 나 있는 곳에 나와 함께 있어 아버지께서 창세 전부터 나를 사랑하시므로 내게 주신 나의 영광을 그들로 보게 하시기를 원하옵**

나이다.…의로우신 아버지여, 세상이 아버지를 알지 못하여도 나는 아버지를 알았사옵고." (요 17:1-2, 5, 11, 21, 24, 25)

그들을 떠나 돌 던질 만큼 가서 무릎을 꿇고 기도하여 이르시되, "*아버지여, 만일 아버지의 뜻이거든* **이 잔을 내게서 옮기시옵소서.** 그러나 내 원대로 마시옵고 아버지의 원대로 되기를 원하나이다." (눅 22:41-42)

이에 예수께서 이르시되, "*아버지*, **저들을 사하여 주옵소서.** 자기들이 하는 것을 알지 못함이니이다" 하시더라. (눅 23:34)

예수께서 큰소리로 불러 이르시되, "*아버지, 내 영혼을 아버지 손에 부탁하나이다*" 하고 이 말씀을 하신 후 숨지시니라. (눅 23:46)

복음서에 기록된 예수님의 기도 가운데서 **아버지**로 시작되지 않는 유일한 기도는 이른바, '버림받은 울부짖음'의 기도다. 그 기도는 이렇게 기록되어 있다. "제구시에 예수께서 크게 소리 지르시되 **'엘리 엘리 라마 사박다니?'** 하시니 이를 번역하면 **'나의 하나님, 나의 하나님 어찌하여 나를 버리셨나이까?'** 하는 뜻이라"(막 15:34).

이것은 예수님과 사도들이 간구 기도의 유형에 덧붙인 한 가지 독특한 요소다. 비록 엄밀하게 따라야 하는 법칙은 아니지만, 그리스도인의 기도는 하나님을 '아버지'라고 부른다.

사도들과 초기 교회

우리는 초기 교회에서 유래되어 기록된 두 기도를 다루는 데서부터 시작하고자 한다. 그 기도에서 또다시 구약성경에서 배운 간구 기도의 유형을 본다.

<u>뭇 사람의 마음을 아시는</u> 주여, **이 두 사람 중에 누가 주님께 택하신 바 되어 봉사와 및 사도의 직무를 대신할 자인지를 보이시옵소서. 유다는 이 직무를 버리고 제 곳으로 갔나이다.** (행 1:24-25)

그들이 듣고 한마음으로 하나님께 소리를 높여 이르되, "대주재여 <u>천지와 바다와 그 가운데 만물을 지은 이시오</u>, 또 주의 종 우리 조<u>상 다윗의 입을 통하여 성령으로 말씀하시기를</u>,

'어찌하여 열방이 분노하며
<u>족속들이 허사를 경영하였는고?</u>
세상의 군왕들이 나서며
<u>관리들이 힘께 모여</u>
주와 그의 그리스도를 대적하도다.'

과연 헤롯과 본디오 빌라도는 이방인과 이스라엘 백성과 합세하여 하나님께서 기름 부으신 거룩한 종 예수를 거슬러 하나님의 권능과 뜻대로 이루려고 예정하신 그것을 행하려고 이 성에 모였나이다. 주여, 이제도 **그들의 위협함을 굽어보시옵고 또 종들로 하여금 담대히 하나님의 말씀을 전하게 하여 주시오며 손을 내밀어 병을 낫게 하시옵고 표적과 기사가 거룩한 종 예수의 이름으로 이루어지게 하옵소서."** (행 4:24-30)

이 두 번째 기도에서 "종들로…주시오며"는 기대의 요소에 해당한다. 그들은 자기들에게 향하는 위협을 하나님이 살펴보시며, **그럼으로써** 그들이 복음을 선포할 수 있도록 그들에게 권능을 주시기를 간청한다. 또한 두 번째 기도는 이렇게 이어진다. "빌기를 다하매 모인 곳이 진동하더니 무리가 다 성령이 충만하여 담대히 하나님의 말씀을 전하니라"(행 4:31).

초기 교회의 이 두 기도는 유대교에서 사용되던 간구 기도를 본으로 했지만 그 내용은 바뀌었다. 이 기도들은 그리스도 안에서 새롭게 구속받은 점을 다룬다. 이 기도들이 유대교의 기도 관습을 이용한다는 사실을 주목하라. 곧 이 기도들은 하나님을 **주와 천지의 주재**로 부르면서 시작한다. 또한 이 두 기도는 모두 하나님이 행하신 일들을 떠올리는 요소를 지닌다. 두 번째 기도는 그것을 상당히 길게 언급한다.

하지만 이 기도 안에는 새로운 신학이 들어 있으며, 이것이 간구 기도의 유형을 재구성한다. 두 개의 새로운 요소가 있는데, 바울이 로마인들에게 보낸 편지에서 각각의 사례를 볼 수 있다. 로마서에서 바울은 "내가 예수 그리스도로 말미암아…내 하나님께 감사함은"(1:8)이라고 말하며, 16:27에서는 "예수 그리스도로 말미암아"라고 말한다. 그리고 "너희는…양자의 영을 받았으므로 우리가 아빠 아버지라고 부르짖느니라"(8:15)라고 말한다. 그리고 열 절 뒤에서 바울은 이렇게 말한다.

이와 같이 성령도 우리의 연약함을 도우시나니 우리는 마땅히 기도할 바를 알지 못하나 오직 성령이 말할 수 없는 탄식으로 우리를 위하여 친히 간구하시느니라. 마음을 살피시는 이가 성령의 생각을 아시나니 이는 성령이 하나님의 뜻대로 성도를 위하여 간구하심이니라. (롬 8:26-27)

이 두 요소들은 말하자면 하나님께 다가가기에 대한 유형으로서 새롭게 덧붙여졌다. 그리고 이 두 요소들은 그리스도인의 기도가 예수 그리스도를 **통해서** 성령 **안에서** 드리는 것임을 알려 준다. 예수님이 이루신 것에 이 두 요소를 더한다면, 그리스도인의 기도는 예수 그리스도를 **통해서** 성령 **안에서** 하나님 아버지께 기도하는 것이라고 말할 수 있다. 우리는 그리스도를 통해서 성령 안에서 하님 아버지께 나아간다(Our Access to God is Through Christ, In the Spirit). 다음과 같은 바울의 기도는 바로 이 신학을 구체적으로 보여 준다.

이러므로 내가 <u>하늘과 땅에 있는 각 족속에게 이름을 주신</u> 아버지 앞에 무릎을 꿇고 **비노니** <u>그의 영광의 풍성함을 따라</u> **그의 성령으로 말미암아 너희 속사람을 능력으로 강건하게 하시오며 믿음으로 말미암아 그리스도께서 너희 마음에 계시게 하시옵고 너희가 사랑 가운데서 뿌리가 박히고 터가 굳어져서 능히 모든 성도와 함께 지식에 넘치는 그리스도의 사랑을 알고 그 너비와 길이와 높이와 깊이가 어떠함을 깨달아** <u>하나님의 모든 충만하신 것으로 너희에게 충만하게 하시기를</u> **구하노라.**

<u>우리 가운데서 역사하시는 능력대로 우리가 구하거나 생각하는 모든 것에 더 넘치도록 능히 하실 이에게 교회 안에서와 그리스도 예수 안에서 영광이 대대로 영원무궁하기를</u> **원하노라. 아멘.**
(엡 3:14-21)

바울은 하나님을 아버지라고 부른다. 그는 (밑줄 친 부분에서) 하나님을 떠올린다. 그리고 (강조체로 된 부분에서) 하나님께 자신이 원하는 바를 간청한다. 또한 이 기도는 성경의 기도 가운데 "아멘"으로 마무리되는 기도 중 하나다. 우리가 기도드릴 때 맨 마지막에 아람어 단어 "아멘"으로 마무리하는 것과 같다. ("아멘"은 "그렇게 될지어다"라는 뜻이다. 기도하는 사람뿐 아니라, 기도를 듣고 그 내용에 동의하는 사람들도 "아멘"으로 화답했다.)

그렇다면 성경적 간구 기도의 완벽한 유형은 다음과 같다. (또한 이것은 교회의 기도 역사에서도 분명하게 발견되는 유형이다.) 기도하는 사람은 이렇게 기도한다. (아래에서 우리가 종종 이 요소들을 가리키는 데 사용하는 표기 방식으로 표시했다.)

1. 하나님을 아버지라고 부르며 말 걸기
2. 하나님 떠올리기
3. **하나님께 간청하기**
4. **하나님의 응답 기대하기**
5. 그리스도를 통해 성령 안에서 하나님께 다가가기

나는 어떤 표현을 할 때 맨 앞 글자를 따서 표기하는 것을 좋아하지 않지만, 기도 유형을 맨 앞 글자를 따서 표기한다면, 다음과 같다. Address God as Father(하나님을 아버지라고 부르며 말 걸기), Remind God(하나님 떠올리기), Ask God(하나님께 간청하기), Expect God(하나님의 응답 기대하기), Access God(Through Christ, In the Spirit)[(그리스도를 통해 성령 안에서) 하나님께 다가가기]. A-R-A-E-A(그다지 기억하기 쉬운 건 아니지만, 그런대로 괜찮다).

    이 책은 우리가 간구 기도의 이 유형을 다시 발견해서, 그것을 활용할 필요가 있다는 점을 주목하고자 한다. 어떻게 그렇게 할 수 있을까? 어떻게 교회가 '본기도'라고 불리는 매우 독특한 간구 기도에서 이 유형을 채택하고 변형했는지 배움으로써, 그렇게 할 수 있다. 본기도는 성경에서 발견되는 유형을 사용하기 쉬운 유형으로 만들었다(결코 과장이 아니다). 그 덕분에 우리는 본기도를 우리 자신의 간구 기도에서 사용할 수 있다.

2부

교회의 간구 모범 기억하기

3장
본기도란 무엇인가

성경 안에 수록된 기도들과 하나님께 간구하는 기도를 전해 온 교회의 전승은 하나님께 간구하는 법을 배우는 가장 좋은 방편이다. 핵심 강조점은 이것이다. '본기도'로 불리는 교회의 간구 기도 유형을 기억할 필요가 있다. 본기도에는 시편 기도들의 지혜, 성경에 수록된 기도들의 지혜, 주님의 기도가 지닌 지혜, 사도들이 드린 기도들의 지혜, 교회에서 드려 온 기도들의 지혜 등이 모두 포함된다. 이 모든 기도는 간명하고 솔직하며 신학적으로 지혜로운 방법으로 드리는 기도 형태로 제시된다. 이 본기도는 우리를 기도하도록 이끌어 주며, 어떻게 기도할지 가르쳐 준다. 또한 성경 자체에 나타난 간구 기도의 유형을 형식화해서 보여 준다.

이 책의 2부와 3부에서 나는 종종 『성공회 기도서』(Book of Common

Prayer)를 사용해 설명할 것이다. 그러나 이 점은 반드시 강조되어야 한다. **교회의 본기도는 기독교의 모든 주류 교단에서 사용된다**는 사실이다. 왜냐하면 이 간명한 기도들은 각각의 시기와 때에 갖추어야 할 적합한 사고를 올바로 표현해 주며, 오랜 세월에 걸쳐서 특별한 의미를 지녀 왔기 때문이다. 종교개혁이 일어났을 때, 한 학자가 소위 "제단 벗기기"(stripping of the altars)라고 부른 일이 일어났다. 이 표현은 사상, 기도 및 설교를 포함해서, 로마가톨릭에 속했거나 비성경적으로 보이는 모든 대상과 요소를 없애 버린 일을 가리킨다.

그렇지만 **교회 안에서 종교개혁 그룹들에 속한 이들이 없애 버리지 않은 것이 바로 본기도였다.** 루터파, 개혁파(장로교), 청교도, 감리교는 본기도 가운데 많은 것을 보존했으며, 그 가운데 어떤 기도들은 개작했고 다른 기도들을 첨가하기도 했다. 본기도를 듣는 사람들은 모두 기도에 경건한 지혜가 있다는 사실을 알았고, 교회의 본기도 모음집 안에서도 그와 같은 지혜를 들었다.

정결을 위한 본기도를 예로 들어 보자. 이 기도는 개신교의 주요 교파들의 기도 모음집에서 어떤 형태로든지 발견된다. 나는 이 훌륭한 기도를 간구 기도의 유형에 있는 요소들로 분해했다. 그리고 또다시 이 기도의 다양한 표현들에서 간구 기도에 있는 각각의 요소를 발견할 수 있다.

전능하신 하나님

주님께 온 마음을 엽니다.

주님은 우리의 모든 바람을 알고 계십니다.

주님께는 어떤 비밀도 숨길 수 없습니다.

하나님의 성령으로

우리 마음속에 있는 더러운 생각들을 깨끗하게 하소서.

그리하여 우리가 하나님을 온전히 사랑하게 하소서.

또한 하나님의 거룩한 이름에 합당한 영광을 받으소서.

우리의 주님 그리스도를 통해 기도합니다.

아멘.[8]

교회의 이와 같은 기도들은 기교를 부리지 않으면서도 교훈적이다. 왜냐하면 이 기도들에는 심오한 신학과 지혜가 있기 때문이다. 이 기도들은 우리가 말하고 싶은 바를 말하고, 그것을 훌륭한 방법으로 말한다. 그리고 때로는 말보다 더 훌륭하게 표현해 낸다. 그 기도들은 브리지트 니콜스(Bridget Nichols)가 "우아함, 품위와 절제"의 용어들로 묘사하는 특성을 지닌다.[9] 나는 기꺼이 거기에 "이스라엘의 족장들로부터 시작된 긴 역사"를 덧붙이고자 한다.

그렇다면 '본기도'는 무엇인가? 본기도의 전문가인 스티븐스하지

(L. E. H. Stephens-Hodge)는 그것을 이렇게 적절하게 정의했다.

본기도 서구의 예배 의식에서 사용되는 독특한 형태의 짤막한 기도. 본기도는 일반적으로 다음과 같은 유형을 따른다. (1) 하나님의 속성이나 행위를 언급하면서, 하나님을 부른다. (2) 기원(invocation)과 관련된 어떤 유익을 베풀어 주시도록 하나님께 간구한다. (3) 그리스도의 공로나 중재에 근거해서 간구한다. 온전한 형태에서는 삼위일체에 대한 찬송이 뒤따른다.[10]

'본기도'(collect)라는 용어는 라틴어에서 유래했으며, 하나님의 백성을 함께 모아 공통된 간구를 표현하는 것을 가리킨다.[11] 성도들이 모두 함께 모인 교회가 드리는 '회중'의 간구(the 'collected' petition)라고 말할 수도 있다. 본기도는 교회가 원하는 무언가를 표현하기 위해 고안되었다는 특징이 있다. 그래서 그 기도들은 우리에게 다음과 같은 영향을 미친다. 곧 우리는 이런 본기도가 가르치고자 하는 것을 배운다. 그러므로 그 기도들은 성도들이 원하고 바라는 다양한 것을 '모아서' 하나의 힘찬 간구로 하나님께 드려진다.

위에서 소개한 간략한 정의는 본기도가 말하는 모든 내용을 전달하지 못할 수도 있다. 하지만 거기서 언급된 세 요소는 하나님께 간구하는 법에 대한 전체 역사를 간명하게 설명해 준다. 그리고 그 세 요소는 성경에서부터 교회의 훌륭한 기도 관습으로 직접 흘러들어 온다.

기록된 기도 속에 표현된 성경적 지혜

어떤 그리스도인들은 즉흥적이며 개인적인 기도에만 익숙하다. 그들이 본기도를 사용하는 교회의 예배에 처음 참석한다면, 아마도 그런 기도를 사용하는 그리스도인들이 답답하게 느껴질 것이다. 그들의 친구들이나 가족들은 본기도와 같이 기록된 기도들은 "공허한 반복"일 뿐이거나 개인과는 별 관련도 없다고 말할 것이다. 혹은 진정한 기도는 임의적이고 즉흥적이며 영적이고 개인적이라고 주장할 수도 있다. 따라서 그와 같은 기도가 훌륭하고 올바르고 성경적이라고 말할 것이다. 기록된 기도서에 대한 이런 염려는 쉽게 사라지지 않을 것이기에, 하나의 답을 제시하고자 한다.[12] 성경 자체에서 수백 개의 기록된 기도들을 보여 준다는 점이다. 그 이후에 유대교 신앙도 기록된 기도들로 형성되었다. 그래서 예수님도 회당에서 유대교의 기도를 배우셨다. 또한 자신의 제자들에게는 주님의 기도를 따라서 기도하라고 가르치셨다.[13] 교회는 항상 기도들을 작성해 왔다. 이미 기록된 기도들, 미리 작성한 기도들은 매우 성경적이다. 예배 의식에 관한 한 그 누구보다 더 많이 이의를 제기했던 그룹이 청교도들이지만, 청교도들 역시 기도를 작성했다.[14]

이 점을 조금 더 변호하고자 한다. 하나님은 성경의 한가운데 기도서를 우리에게 주셨는데, 바로 시편이라고 불리는 책이다. 이 시편의 기도들은 "오직 한 번 기도하고 나서 끝나는" 기도가 아니다. 글로 작성되어, 이스라엘 백성들의 기도가 되었고, 예수님과 사도들의 기도가 되었기 때문이다. 그래서 시편은 종종 예수님의 기도서라고도 불린다. 또한 신약성경의 저자들은 백 번 이상 시편을 언급하거나 암시한다. 신약성경에서 시편보다 더 많이 인용된 구약은 없다. 그리고 시편은 교회의 기도서로 사용되었다. 시편을 매일 한 편씩 읽고 나서, 그것을 마치 자신의 기도처럼 기도하는 습관이 유익하다는 말을 나는 사는 동안 수도 없이 들었다. C. S. 루이스(Lewis)의 일과 가운데 하나는 옥스퍼드의 모들린 대학(Magdalen College)에 있는 자신의 교수실 근처를 산책하면서 커버데일(Coverdale)이 번역한 시편의 기도들을 소리 내어 기도하는 것이었다. 그러고 나서 그는 매일 아침 모들린 대학의 간소한 예배에 참석했다. 매일 예배 시간마다 본기도를 드렸다. 루이스가 매일 기도하던 습관 덕분에 그는 나중에 기도에 관한 훌륭한 책 『개인 기도: 말콤에게 보내는 편지』(Letters to Malcom, Chiefly on Prayer, 홍성사)를 출간한다.[15] 루이스가 기도에 관해서 말하고자 했던 점은 시편의 기도들과 날마다 드리는 본기도에서 곧바로 유래했다.

성경을 통해 이스라엘 백성은 기도했을 뿐만 아니라, 또한 개인의 영성을 훈련했다. 예수님과 사도들이 활동하던 당시에 엄격한 유대인들은 맨 먼저 그들에게 주어진 성경에 관심을 기울였다. 그들은 날마다 십계명을 암송했으며, 하루에 한 번 이상 (아침, 점심, 저녁에) **쉐마**(*the Shema*)를 암송했다. 그리고 날마다 적어도 한 번 **하테필라** 혹은 "그 기도"로 불리던 기도를 드렸다.[16] 거의 모든 사람이 십계명을 알고 있다. 그래서 나는 십계명보다 다소 덜 알려진, 신명기 6장에 수록된 쉐마에 관해서 언급하고자 한다. 쉐마의 내용은 다음과 같다.

> 이스라엘아 들으라, 우리 하나님 여호와는 오직 유일한 여호와이시니 너는 마음을 다하고 뜻을 다하고 힘을 다하여 네 하나님 여호와를 사랑하라. 오늘 내가 네게 명하는 이 말씀을 너는 마음에 새기고 네 자녀에게 부지런히 가르치며 집에 앉았을 때에든지 길을 갈 때에든지 누워 있을 때에든지 일어날 때에든지 이 말씀을 강론할 것이며, 너는 또 그것을 네 손목에 매어 기호를 삼으며 네 미간에 붙여 표로 삼고 또 네 집 문설주와 바깥 문에 기록할지니라. (신 6:4-9)

이 말씀은 평범한 유대인에게 하나님을 전적으로 사랑해야 하는 의무를 상기시켰다. (유대인들이 이 말씀을 날마다 몇 번씩 암송했다는 점을 기억할 필요가 있다.) 그리고 이것은 유대교의 '신조'(creed)가 되었다. 덧붙여 말하자면, 앞에서 이미 언급했듯이 유대인들의 개인 기도에 토대가 되었던 기도가 바로 하테필라다. 이 기도는 경건한 유대인들에게 오늘날 많은 그리스도인에게 주님의 기도와 비슷한 역할을 했다. 나는 여기서 공통으로 드리는 기도로서 하테필라에 들어 있는 첫 번째 간구와 아홉 번째 간구를 전통적인 킹 제임스 역본의 문체로 제시하고자 한다.

주 우리 하나님, 주님은 복되신 분입니다. 주님은 우리 조상의 하나님, 곧 아브라함의 하나님, 이삭의 하나님, 야곱의 하나님이십니다. 주님은 위대하고 전능하며 두렵고 또한 지극히 높으신 하나님이며, 은혜를 한량없이 베푸시고, 만물을 창조하셨습니다. 주님은 우리 조상에게 은혜로 약속하신 것들을 기억하십니다. 주님의 이름을 위하여 주님은 사랑으로 그들의 자손을 위해서 구원자를 보내실 것입니다. 오 우리의 방패인 왕이시여, 우리를 돕고 구원을 베푸소서. 아브라함의 방패이신 주님, 주님은 복되신 분입니다.

주 우리 하나님, 이 한 해 복을 내려 주소서. 모든 곡식을 풍성히 거두게 하소서. 땅에 복을 내려 주시고, 우리에게 좋은 것으로 채워 주소서. 올 한 해 풍년의 복을 내려 주소서. 해마다 복을 내려 주시는 주님은 복되신 분입니다.[17]

날마다 드리는 이 기도는 하나님이 어떤 분이고 무슨 일을 하셨는지 하나님을 떠올리는 것으로 시작된다. 그다음 하나님께 간구한다. 그리고 "이 한 해 복을 내려주소서"라는 간구는 모든 사람의 바람 가운데서 찾을 수 있는 공통적인 간구다. 틀림없이 공통적인 간구이지만, 날마다 간청할 필요가 있다. 이 간구들은 성경에 나타난 유형이 이런 간구 기도에 반영되고 있다는 또 하나의 실례다.

이제 세 번째로 기록된 기도문 사용을 지지해 주는 사례를 살펴보고자 한다. 이것은 바로 예수님이 가르쳐 주신 기도로, "주님의 기도"라고 불린다. 누가복음 11:1-4에 제시된 주님의 기도는 다소 덜 알려진 버전이다. 어느 날 예수님은 기도하시고 나서, 제자들의 간청에 따라서 그 기도를 사도들에게 가르쳐 주셨다. 예수님의 제자들은 세례 요한이 그의 제자들에게 기도를 가르쳐 주었다는 사실을 알고 있었다. 그래서 그들은 예수님께 나아가서 이렇게 간청한다. "주여 요한이 자기 제자들에게 기도를 가르친 것과 같이 우리에게도 가르쳐 주옵소서"(눅 11:1). 그 당시 세계에서 "우리에게 기도를 가르쳐 주소서"라는 간청에 그룹의 정체성을 확인하는 용도로, 몇몇 요소들을 갖춘 기도가 제시되었을 가능성이 크다. 예수님은 제자들이 간청한 그대로 응답해 주신다. 나는 예수님이 말씀하신 것을 다음과 같이 번역했다.

너희가 기도할 때마다, 이렇게 말하라.
[또는 이렇게 반복하라, 또는 이것을 암송하라]:

아버지여,

이름이 거룩히 여김을 받으소서.

당신의 나라가 임하게 하소서.

날마다 우리에게 일용할 양식을 주소서.

우리의 죄를 용서하여 주소서.

우리가 우리에게 빚진 모든 사람을 용서하기 때문입니다.

우리를 시험에 들지 않게 하소서.

예수님이 "너희가 기도할 **때마다**"(이 표현은 '언제나'를 의미한다)라고 말씀하신 점을 주목하라. 예수님은 자신의 제자들에게 언제나 이 기도로 기도하라고 가르치셨다. 예수님은 그분의 제자들인 여러분과 나에게 암송하고 계속 붙잡고 이끌어 줄 기도를 주셨다.

마지막으로, 우리는 교회의 전승 그 자체를 숙고해 볼 필요가 있다. 왜냐하면 교회는 교회가 세워지는 바로 시작 단계부터 기록된 기도들을 암송했기 때문이다. 우리는 주님의 기도를 신약성경에서 누가복음과 마태복음뿐만 아니라, 디다케(The Didache)라고 불리는 초기 기독교 문서에서도 찾아볼 수 있다. 그 당시 교회에서 날마다 주님의 기도를 드리는 것을 디다케에서 보여 준다. 또한 우리는 교회 역사 전체를 통해서도 모든 교회에서 주님의 기도를 드리는 관습이 있음을 본다. 그뿐 아니라, 교회는 매우 이른 시기부터 시편의 기도들을 기도서로 사용하며 기도하기 시작했다. 또한 교회에서 자체로 사용할 기도들을 작성했다. 시편의 기도들과 교회가 작성한 기도들은 교회 안에서 계속 암송되었다. 이 고대의 기도들 가운데 몇몇은 오늘날 본기도로 불리는 교회의 전통으로 남는다.

시편의 기도들, 유대교에서 날마다 암송되던 공동 기도, 주님의 기도와 교회의 기도들은 하나의 견고한 기초를 형성한다. 그 기초에 근거해서, 이 책은 성경 안에 수록된 기도들과 더불어 기도하는 법을 익히는 데 초점을 맞추고자 한다. 본기도로 불리는 교회의 간구 기도들은 주 안에서 기도하는 우리 형제자매들 덕분에 하나하나 축적되어 왔다. 그 기도들은 다름 아니라 기도에 대한 고대의 성경적 접근 방법을 표현한 것이다. 따라서 시편의 기도들, 주님의 기도, 또는 교회의 기도 전승에서 유래된 기도든지 기록된 이 기도들을 사용하지 않는 것은 기도에 대한 성경적 접근 방법을 거부하는 태도나 마찬가지다. 물론 우리는 분명히 자발적으로 즉석에서 기도하며 개인적으로도 기도해야 한다. 그러나 기도에 대한 가르침의 기본 토대는 기도에 접근하는 성경 자체의 방식이 되어야 한다. 거기에는 기록된 기도들도 포함되어 있다. 이 정도로 언급하면, 충분할 것이다.

4장
본기도의 요소들

우리는 본기도에서—간접적이지만 분명하게—간결하고 솔직하며 명백하고 대담하게 기도하는 법을 배웠다. 도널드 그레이(Donald Gray)는 다음과 같이 주장했다. "본기도는 간결하고 강렬하게 한 가지를 말하고 그것으로 마무리된다."[18] "한 가지를 말한다"라는 표현은 "한 가지 사항을 간구한다"라는 뜻이다. 그리고 본기도에서 우리는 배운 하나님께 간청하는 법 그대로 하나님께 간청한다. 오래전에 스티븐스하지는 본기도의 유형에 관해서 현재 공통으로 이해하고 있는 부분을 요약했다.[19] 그는 본기도의 여섯 가지 요소를 제시했다. 우리가 구약성경에서 발견하고 예수님과 초기 교회가 수정한 간구의 유형과 본기도의 여섯 요소는 식섭적인 관계가 있음을 간파힐 수 있다.

1. 하나님 부르기: 하나님께 말 걸기
2. 인정: "누구, 누구의, 누구를"
3. 간구: "허락하다" 또는 "지키다"의 용어가 흔히 사용된다.
4. 열망: "…해 주기를"(that)로 시작된다.
5. 청원: "…을 통해서"(수단)
6. 찬미: "영원히 거하시는…"

이 용어들은 오늘날 많은 신자가 직접 사용하기에 적합하지 않다. 그래서 나는 그 용어들을 수정했다. 예를 들면, '열망'(Aspiration)과 같은 용어다. 내가 '열망'이라는 용어를 사용하며 대학생들이나 친구들과 함께 본기도에 관해서 이야기할 때면, 거의 언제나 누군가 그 용어가 무엇을 의미하는지 묻는다. 그러면 나는 열망은 커다란 결과, 기대, 소망에 관한 단어라고 설명한다. 기도서에 대한 주요한 해설가인 매리언 해칫(Marion Hatchett)은 본기도의 이 요소를 "결과 또는 끝맺음"으로 묘사했다.[20] 반면에 앨런 제이컵스(Alan Jacobs)는 그 용어를 "희망 또는 기도의 목적"으로 사용한다.[21] 그러나 나는 "하나님을 기대하기"라는 용어가 가장 직접적이며 명료한 뜻을 제시한다고 생각한다. 다음을 기억하라. 나는 하나님께 말 걸기, 하나님 떠올리기, 하나님께 간청하기, 하나님 기대하기와 (그리스도를 통해 성령 안에서) 하나님께 나아가기를 사용한다. [Address God, Remind God, Ask God, Expect God, and Access God(A-R-A-E-A)].

어떻게 이 성경적 유형이 본기도를 만드는지 하나의 사례를 제시하기 위해서 주현절(공현절) 이후 여섯 번째 일요일에 사용되는 매우 사랑받는 본기도를 예로 들어 보자. 그러면 동일한 유형을 찾기 위해서 어떤 교파에서 사용하는 기도서나 어떤 개인이 쓴 기도서에서 본기도를 임의로 선택할 필요가 없다. 나는 이 책에서 사용할 용어로 각각의 요소를 순서대로 제시하고자 한다.

1. **하나님께 말 걸기**: 오 하나님,
2. **하나님 떠올리기**: 모든 사람이 전능하신 주님을 신뢰합니다.
3. **하나님께 간청하기**: 자비로우신 하나님, 우리의 기도를 들어주소서. 우리는 연약하므로, 주님이 없으면, 우리는 어떤 선한 것도 할 수 없습니다.
4. **하나님 기대하기**: 주님의 계명들을 지켜서, 우리의 뜻과 행위로 주님을 기쁘시게 하소서.
5. **그리스도를 통해 성령님 안에서 하나님께 나아가기**: 아버지 하나님은 성령과 함께 한 분 하나님이신 우리 주 예수 그리스도를 통하여 영원히 사시며 다스리십니다. 아멘.

두 번째 예는 정결의 본기도라고 부르는 또 다른 잘 알려진 기도다.

1. **하나님께 말 걸기**: 전능하신 하나님,

2. **하나님 떠올리기**: 주님께 온 마음을 엽니다. 주님은 우리의 모든 바람을 알고 계시며, 주님께는 어떤 비밀도 숨길 수 없습니다.

3. **하나님께 간청하기**: 성령님의 역사로 우리의 마음과 생각을 깨끗하게 해 주소서.

4. **하나님 기대하기**: 그래서 우리가 주님을 온전히 사랑하게 하시며, 주님의 거룩한 이름을 합당하게 찬양하게 하소서.

5. **그리스도를 통해서 성령님 안에서 하나님께 나아가기**: 우리 주 예수 그리스도를 통하여 기도드립니다. 아멘.[22]

본기도의 유형에 익숙해지면 그 유형에 반영된 신학적인 아름다움을 파악할 수 있다. 그리고 이런 유형의 기도로 기도하며, 이런 기도들을 듣고 싶어 하고 열망할 것이다. 이런 간구 기도의 양식에 있는 신학적 심오함은 우리 자신의 간구 기도에 더욱 활력을 제공한다. 하지만 본기도를 구성하는 요소의 순서대로 기도하는 일은 단순하지 않다.

본기도 작성, 하지만 순서 바꾸기

본기도처럼 기도하는 법을 '제대로' 익히기 위해서는 염두에 두어야 할 사실이 있다. 본기도는 하나님 떠올리기, 하나님께 간청하기, 하나님 기대하기, 이 세 가지 핵심 요소를 갖추고 있다는 점이다. 이 요소들은 서로 밀접하게 연결되어 있다. 우리가 본기도를 작성하려 할 때, 우리는 원하는 것부터 작성하기 시작하고, 그다음에야 다른 요소들을 작성한다. "우리가 더 공정해지기를" 또는 "인종차별이 멈추기를" 또는 "세상에 평화가 깃들기를"과 같이, 우리의 마음에 무언가를 간절히 기대하는 바가 있다면, 우리는 하나님께 간구하기의 요소부터 시작한다. 맨 먼저 원하는 것을 생각해서 작성한다. 두 번째 요소는 하나님 떠올리기다. 이것은 **일단 우리의 간구나 기대 사항을 정한 다음에** 나오는 요소로 잘 알려져 있다. 본기도는 하나님에 관한 (2부터 3까지 적용된) 추상적인 신학 진리가 아니라, (3과 4로부터 2까지) 신학 안에 닻을 내리고 있는 다양한 간청과 기대다.

만약 간구 유형에서 세 부분으로 이루어진 핵심 요소들을 질문들로 바꾸어서, 다음과 같은 순서로 제시한다면, 본기도를 작성하기에 가장 좋다.

나는/우리는 무엇을 바라는가?

내가/우리가 바라는 것을 하나님이 응답해 주고 싶어 하시는 이유는 무엇일까? 하나님의 속성과 관련해 생각해 보라.

하나님이 우리의 간구에 응답하신다면, 우리는 무엇이 일어나기를 기대하는가?

본기도의 다섯 번째 요소는 (그리스도를 통해 성령 안에서) 하나님께 나아가기다. 그러나 그것은 케이크 맨 위에 있는 초콜릿 장식이 아니라 기도의 유일한 기초다. 우리는 하나님께 말을 걸고, 하나님을 떠올리고, 하나님께 간청하고, 하나님의 응답을 기대한다. 그것은 **오직 예수님의 죽음과 부활의 공로와 우리를 위한 주님의 지속적인 간구뿐만 아니라, 우리의 기도를 이끌어 주시는 성령님의 은사 때문이다.** 우리는 그리스도 안에서 하나님의 은혜로 기도하도록 초대받는다.

요약: 우리는 교회가 성경에 나오는 간구들로 기도하기 시작해서, 그것을 어떻게 교회 자체의 것으로 만들었는지 기억한다. 또한 간구 기도에 대한 교회의 지혜를 되새긴다.

* * *

우리의 기도로서 본기도

교회 안에서 본기도의 전승—다섯 가지 요소로 된 간구—은 방금 앞에서 인용한 기도들에서 명료하고 간결하게 나타난다. 많은 사람은 우리의 바람, 두려움, 희망 가운데 가장 중요한 것을 말하는 본기도의 명료성과 표현의 정확성에 매력을 느꼈다. 본기도에는 분명 우아함과 독특한 표현 양식이 있음을 시인해야 한다. 에이든 캐버나(Aidan Kavanagh)는 이것이 우연이 아니라는 사실을 안다. 본기도는 정확한 표현으로 "의미를 강조한다." 그리고 "독특한 표현 양식으로 그 의미를 확장하기는 결코 쉬운 과제가 아니다. 이것은 결코 우연히 일어나지 않는다."[23]

본기도는 수 세기에 걸쳐서 하나님께 간구로 연마되었다. 결코 어떤 수학자들이 본기도의 요소들을 만들어 낸 것이 아니었다. 오히려 하나님의 백성이 하나님께 오랜 세월 계속 간구함으로써 그 요소들이 생겨났고, 그 과정에서 일정한 유형이 나타났다.

스티븐스하지는 본기도의 이 매력을 훌륭하게 표현한다. 곧 그 기도들은 예리하고 적절하다. 분명히 그렇다. 하지만 그 기도들은 우리가 말하기 원하는 것을 말하며, 또한 우리가 간절히 말하고 싶어 하는 것을 말할 수 있게 어휘를 제공해 준다. 따라서 그 기도들을 듣거나 드리고 나서, 우리는 이렇게 공감을 표현한다. "그렇다. 이것이 바로 내 기도다!"

예로부터 전해진 본기도들이 영속적인 생명력을 가진 이유는 그 기도들이 우리의 기본적인 필요를 표현하고, 매우 단순한 용어들로 표현되기 때문이다.…그 기도들은 직집직으로 매우 진솔하게 우리 모두의 마음에 호소한다. 하나님께 허세를 부리거나 허울뿐인 간청이나 많은 말로 하나님의 호의를 입으려는 시도는 전혀 없다. 또한 말을 많이 해야 하나님이 들으실 거라는 생각도 전혀 없다(마 6:7). 본기도는 느헤미야의 화살 기도들(느 2:4; 6:9; 13:14, 22, 31)과 갈릴리 호수 위에서 "주여 나를 구원하소서"(마 14:30)라고 말한 베드로의 외침과 "하나님이여 불쌍히 여기소서. 나는 죄인이로소이다"라고 말한 세리의 참회 기도(눅 18:13)와 더 잘 들어맞는다.[24]

본기도를 날마다 숙고함으로써 우리는 기도하는 방법을 배울 수 있다.

어떤 본기도는 일요일 예배를 위해서가 아니라, 오히려 개인 예배나 가정 예배를 위해서 만들어졌다. 아침에 드리는 본기도(the Collect in the Morning)보다 더 간결하고 아름다운 기도는 없다. 이것은 본기도 중에서 내가 특별히 좋아하는 기도다. 나는 그 요소들을 다시 한번 강조하고자 한다.[25]

주 하나님, 전능하며 영원하신 아버지여, 주님은 이 새로운 날로 우리를 안전하게 이끄셨습니다. **주님의 권능으로 우리를 보호하소서. 그래서 우리가 죄짓지 않게 하소서. 또한 역경에 굴복하지 않게 하소서. 그리고 우리가 행하는 모든 일에서 주님의 소망을 성취하도록 우리를 이끄소서.** 예수 그리스도를 통해서 기도합니다. 아멘.

나는 5년 이상 이 기도를 날마다 또는 거의 매일 드렸다. 여전히 이 기도 드리는 것을 좋아한다. 그리고 저녁이나 잠자리에 들기 전에 이와 비슷한 본기도를 드린다. 다음에 소개하는 것은 내가 두 번째로 좋아하는 본기도다.

사랑의 주님, 이 밤에 일하는 이들이나 깨어 있는 이들, 우는 이들을 보살펴 주소서. 주 그리스도여, 아픈 이들을 돌보아 주시고 피곤한 이들에게 안식을 주소서. 죽음을 눈앞에 둔 이들에게 복을 베푸소서, 그들의 고통을 사라지게 해 주소서. 고통을 겪는 이들을 불쌍히 여기소서. 기뻐하는 이들의 방패가 되어 주소서. 모든 것을 주님의 사랑으로 구합니다. 아멘.

본기도는 수천 개나 있으며, 교회의 주요 교파마다 다른 교파들과 본기도들을 공유한다는 사실을 다시 한번 말해야겠다. 물론 각각의 교파마다 본기도에 대한 고유한 전승을 저마다 지닌다. 때로는 자신이 사용할 본기도를 작성한 개인들도 있었다. 나 역시 때때로 나 자신의 본기도를 작성했다. 그리고 기도할 때 종종 본기도의 기본 유형을 의도적으로 사용한다.[26]

관계 회복에 대한 본기도 작성하기

첫 번째 단계

- "나는/우리는 무엇을 바라는가?"에 대한 답변을 기록하라.
- 하나님께 간청하라.

두 번째 단계

- 내가/우리가 바라는 것을 "하나님이 응답해 주고 싶어 하시는 이유는 무엇일까?"에 대해서 답변을 기록하라.
- 하나님의 존재와 하나님이 하신 일을 떠올리라.

세 번째 단계

- "하나님이 우리의 간구를 들어주신다면, 우리는 무엇이 일어나기를 기대하는가?"에 대한 답변을 기록하라.
- 하나님이 그 기도에 응답하실 때, 간구는 당신이 원하는 것을 기대하도록 이끌어 주는가? 어떤지 숙고해 보라.

네 번째 단계

- 1-3단계에 가장 적합하게 하나님께 말을 하라.

다섯 번째 단계

▶ 하나님께 나아가기의 요소로 간구를 마무리하라. 예수 그리스도를 통해 성령 안에서.

여기에 이 순서를 따르는 본기도의 예를 하나 제시하고자 한다.

하나님께 간청하기 (가능하다면 이름들을 부르며) 우리가 회개와 용서의 은혜로 사랑과 형통과 회복의 관계로 화해되게 하소서.

하나님 떠올리기 사랑이신 하나님, 하나님은 자기 백성들 사이에 깨어진 관계를 아시고, 회개, 용서, 화목과 회복의 은혜와 기쁨을 아십니다. 혹은 *하나님 대신 당신을 쓰는 것이 좋다.…*
당신은 사랑이시며, 당신의 백성들 사이에 깨어진 관계를 아시고, 회개, 용서, 화목과 회복의 은혜와 기쁨을 아십니다.

하나님의 응답 기대하기 그래서 우리가 회복의 기쁨을 다시 알게 하시며, 우리 자신이 사랑의 길로 나아가도록 전적으로 헌신하게 하소서.

하나님께 말 걸기 은혜로우신 아버지,

하나님께 나아가기 성령 안에서 그리스도를 통해: 아버지 하나님은 성령과 함께 한 분 하나님이신 우리 주 예수 그리스도를 통해 영원히 사시며 다스리십니다. 아멘.

우리의 본기도

자비로우신 아버지,

당신은 사랑이시며, 당신의 백성들 사이에 깨어진 관계를 아시고,
회개, 용서, 화목과 회복의 은혜와 기쁨을 아십니다.

회복과 용서의 은혜를 통해서 (가능하면 이름들을 부르면서)
우리가 사랑과 형통의 관계로 화해하게 하소서.

그래서 우리가 회복의 기쁨을 다시 알게 하시며,
우리 자신이 사랑의 길로 나아가도록 전적으로 헌신하게 하소서.

아버지 하나님은 성령과 함께
한 분 하나님이신 우리 주 예수 그리스도를 통해
영원히 사시며 다스리십니다.
아멘.

3부

교회의 간구 모범에 다시 활력 불어넣기

5장
올바른 자세 취하기

성경적 간구 유형에 대한 개별적인 요소들을 연구하기에 앞서, 기도의 심오한 본질을 숙고할 필요가 있다. 그리스도인들은 하나님께 말하는 사람들이다. 우리는 창조주, 보존자와 구원자이신 하나님이 우리의 기도를 들으신다고 믿는다. 우리가 드리는 본기도를 통해서 우리는 진정으로 믿으며 우주의 주인이신 하나님께 간구하는 사람들로 빚어진다.

성경적 간구 유형의 핵심에는 우리에게 필요한 표현이 있다. 미로슬라브 볼프(Miroslav Volf)와 매슈 크로스먼(Matthew Croasmun)은 다음과 같이 말한다. "기도는 아직 목적지에 도달하지 못한 이들과 자기 자신에게 만족하지 못하는 사람들의 활동이다."[27] 아멘. 성경에서 가장 이른 시기에 나타나는 기도 가운데 하나인 야곱의 기도도 이 점을 말한다는 사실을 기억하라.

야곱이 또 이르되 "내 조부 아브라함의 하나님, 내 아버지 이삭의 하나님 여호와여 주께서 전에 내게 명하시기를 '네 고향, 네 족속에게로 돌아가라. 내가 네게 은혜를 베풀리라 하셨나이다.' **나는 주께서 주의 종에게 베푸신 모든 은총과 모든 진실하심을 조금도 감당할 수 없사오나 내가 내 지팡이만 가지고 이 요단을 건넜더니,** 지금은 두 떼나 이루었나이다. 내가 주께 간구하오니 내 형의 손에서, 에서의 손에서 나를 건져 내시옵소서. 내가 그를 두려워함은 그가 와서 나와 내 처자들을 칠까 겁이 나기 때문이니이다. 주께서 말씀하시기를, '내가 반드시 네게 은혜를 베풀어 네 씨로 바다의 셀 수 없는 모래와 같이 많게 하리라' 하셨나이다." (창 32:9-12, 저자 강조)

간청하는 행위는 자기에게 무언가 필요하다는 사실을 나타낸다. 하나님께 나아간다는 행위는 전능하신 하나님 앞에 나온다는 뜻이다. 하나님께 말하는 행위는 경외심과 겸손으로 말한다는 뜻이다. 하나님은 정말로 우리를 사랑하시며 자비로우시다. 우리가 하나님 앞에 있는 것은 단지 운이 좋기 때문이 아니다. 전혀 그렇지 않다. 하나님은 우리를 환영하신다. 그러나 우리는 오직 그리스도의 공로로 하나님 아버지께 환영받으며, 그래서 하나님께 나아간다. 그것은 우리가 그럴 자격이 있어서가 아니라, 하나님의 은혜로 말미암는다. 그리고 우리는 하나님과의 관계를 구체화하는 자세로 하나님께 나아간다.

겸손

오늘날 윤리학과 가치와 시민 행동을 가르치는 이들 가운데 어떤 이들은 겸손에 매력을 느끼지 못한다. 또한 그 용어는 온라인의 대중 강좌에서도 자취를 감춘 듯하다. 그래서 우리는 어떻게 성경적 간구 유형이 작용하는지 몇 가지를 떠올려 볼 필요가 있다. 다음에 제시된 간구 기도는 간구, 겸손 및 하나님 떠올리기의 개념으로 작성되었다.

> 오늘 하나님의 권능으로 내게 힘을 주소서.
> 하나님의 진실하심으로 나를 안심시켜 주소서.
> 하나님의 아름다우심에 잠잠하게 하소서.
> 하나님의 공의로 목소리를 높이게 하소서.
> 하나님의 신실하심으로 나를 붙들어 주소서.
> 하나님의 열심으로 나를 움직이소서.
> 하나님을 경외하므로 진리를 깨닫게 하소서.
> 하나님의 숨결로 내게 풍성한 삶을 주소서.[28]

이 기도를 천천히 읽으면, 모든 원천은 우리가 아닌 하나님께 있으며, 모든 권능은 하나님께로부터 온다는 점을 알 수 있다. 이 기도는 모든 기도에 대해서, 특별히 간구 기도에 대해서 올바른 자세를 일깨워 준다.

겸손을 강조하는 또 다른 기도를 제시하고자 한다. 이 기도는 모든 교회에 널리 알려진, 하나님께 겸손히 나아가는 삶에 관한 기도다.[29] 설교자가 빵을 떼고 난 다음에, 그리고 빵과 포도주가 예배 참석자들에게 전달되기 이전에 종종 이 기도를 드렸다. 이 기도는 분명히 매우 교훈적이고, 예배 참석자들에게 하나님을 향한 경외심, 겸손과 참회의 필요성을 불러일으킨다.

오 *자비로우신 주님*, 우리의 의로움을 의지하지 않고, 주님의 풍성하고 크신 자비를 힘입어 성찬의 식탁으로 나옵니다. 우리는 주님의 식탁에서 떨어지는 빵 부스러기를 모을 자격도 없습니다. 그러나 주님은 언제나 동일하게 자비를 베푸십니다.

은혜로우신 하나님, 우리가 하나님의 사랑하는 아들 예수 그리스도의 몸을 먹고 그의 피를 마시게 하소서. *그리하여 우리가 언제나 그분 안에 또한 그분이 우리 안에 거하게 하소서*. 아멘.[30]

겸손에 대한 주제들을 회피하려는 현대 문화와 예배의 경향을 떠올리기 위해 이 기도는 우리의 무가치함을 매우 강하게 강조한다. 현대와 포스트모더니즘의 자기 존중 운동과 부딪히는 이 기도는 자주 사용되지 않는 전통적인 표현을 사용해, 성공회 예배에서 '성찬 예식 I'로 분류되었다. 성찬 예식 I을 대신하는 더 현대적인 '성찬 예식 II'에서는 다음과 같은 표현을 사용한다.

> 하나님의 백성을 위한 하나님의 선물입니다. 그리스도께서 당신을 위해서 죽은 사실을 기억하며, 믿음으로 말미암아 마음에 감사함으로 그분을 먹으십시오.[31]

『성공회 기도서』에 실린 간구 기도는 철저하게 하나님이 우리에게 은혜를 베풀어 주시기를 간청하는 표현들로 구성되었다. 따라서 이전에 사용되던 하나님께 겸손히 나아가는 기도는 성공회 예배의 유기적 요소로, 합당한 위치를 회복함이 마땅하다. 이따금씩이라도 회복되어야 할 가치가 있는 기도다. 우리는 우리의 무가치함을 기억해야 할 필요가 있으며, 성찬의 식탁에 겸손한 마음으로 나아갈 필요가 있기 때문이다.

예배 의식을 존중하는 전 세계 교회들은 우리의 기도와 간구에서 겸손의 자세를 적지 않게 강조한다.

교회력의 절기들

역사가 오래된 모든 교파의 교회력 절기에서는 본기도의 재발견이 이루어지고 있다. 이제 그 본기도가 어떻게 겸손, 준비, 죄에 대한 고백과 용서를 평가하는지 간략하게 다루고자 한다. 대림절은 "기쁘다 구주 오셨네"(Joy to the World)와 "축하하오 기쁜 성탄"(We Wish You a Merry Christmas) 같은 크리스마스캐럴이 울려 퍼지는 떠들썩한 절기는 아니다. 오히려 그리스도의 오심을 준비하는 절기로, 교회력의 기조를 제공하고, 곧 일어날 구원에 대해서 우리를 준비시킨다. 사순절의 간구들이 하나님께 회개의 은혜를 간청하는 것은 당연하다. 간구하는 사람은 하나님께 용서, 회개와 믿음의 은총과 신실함을 재발견할 뿐만 아니라 하나님이 주시는 선한 것들을 사모하고 갈망한다. 그래서 재의수요일에 이루어지는 간구는 특별히 하나님의 은혜로 우리 안에서 빚어지는 참회의 마음을 표현한다. 재의수요일은 고난 주간과 그리스도 안에서 성취되는 하나님의 위대한 구원 행위로 이어진다. 대림절에서 시작해 사순절로 이어지는 전통적 예배 의식에서 본기도의 간구는 자주 겸손의 필요성을 표현한다.

간구에서 나타나는 두 가지 주요 용어: 허락하소서 및 지켜 주소서

교회 전체의 기도 전승에서 나타나는 간구들은 '허락하소서'와 '지켜 주소서'의 두 용어로 형성된다.『성공회 기도서』안에 있는 모든 본기도를 검토해 보면, (우리는 단지 일요일에만 사용되는 본기도에 초점을 맞추고자 한다) 마흔세 개의 "허락하소서"와 열한 개의 "지켜 주소서"가 있다. "허락하소서"라는 용어는 우리에게 무엇인가를 주시도록 하나님께 간구한다. 반면에 "지켜 주소서"라는 용어는 믿음의 길을 걸어가는 과정에서 하나님이 우리를 보존하고 보호해 주시기를 간구한다. "허락하소서"와 "지켜 주소서"를 사용하는 사람은 자신이 스스로 할 수 없는 무언가를 필요로 한다. 그 용어들이 회중 앞에서 성경 봉독에 앞서 무언가를 말하는 것에 지나지 않는다고 생각하는 이들도 있다. 그러나 정신을 '집중한 채' 마음을 고요하게 유지하면서, 먼저 그 표현들을 읽고, 그다음 개인 기도에서 그 표현들을 사용해 큰 소리로 기도한다면, 겸손이 뿌리내릴 기회를 얻는다. 그리스도 안에서 얻는 구원에 대해 우리 자신을 준비하고, 강림절이나 사순절의 경우처럼 우리의 죄를 자백하거나, 가장 유명한 교회 기도 가운데 하나에 표현된 내용을 하나님께 간청하는 것은 우리에게 하나님의 은혜가 필요하다고 시인하는 태도다. 예를 들면, "주님의 백성에게 은혜를 허락하셔서, 그들이 주님의 명령을 사랑하게 하시며, 주님의 약속을 바라게 하소서"(사순절의 다섯 번째 일요일)와 같은 기도다.

이와 비슷하게, "지켜 주소서"라고 기도하는 것은 하나님이 보존해 주시는 은혜가 없으면, 우리가 신실할 수 없다고 공적으로 개인

이 시인하는 말이다. 사순절의 세 번째 일요일에 많은 사람은 이렇게 기도한다. "외적으로 우리의 몸을 지켜 주시고, 내적으로 우리의 영혼을 지켜 주소서. 그리하여 우리 몸에 생길 수 있는 모든 역경으로부터 보호하여 주소서. 또한 우리 영혼을 공격하고 상하게 하는 모든 사악한 생각으로부터 보호하여 주소서." "지켜 주소서"의 기본적인 강조점이 거룩함과 순종이라면, 또 다른 강조점은 신학적인 측면에서 신실함에 대한 것이다. "이 신앙과 예배에서 우리를 견고하게 지켜 주소서. 오 아버지, 우리가 마침내 오직 한 분이신 하나님의 영원한 영광을 보도록 우리를 인도해 주소서"(삼위일체 주일).

우리는 "조금도 감당할 수 없습니다"라는 야곱의 기도로부터 먼 길을 왔다고 생각할지도 모른다. 그러나 사실은 그렇지 않다. 야곱의 겸손은 간구 기도와 관련해서 교회가 지닌 지혜의 내부 구조로 깊숙이 스며들었다. 하나님께 간청하는 행위는 겸손의 자세로 형성된다. 그와 같은 자세로, 이제 우리는 성경과 교회 전통에 조화를 이루는 간구 유형의 요소들로 향하고자 한다. 우리가 모두 출발해야 할 지점에서 시작할 것이다. 곧 우리가 원하고 간절히 바라는 것 그리고 크고 자비로운 하나님께 간구하도록 우리를 하나님께 향하게 하는 것에서 시작하려 한다.

이제 우리는 성경에서 자라나고 모든 교회의 본기도에 순서대로 정돈된 간구의 다섯 요소를 하나하나 논의하고자 한다.

6장
하나님께 간청하기

우리가 기도할 때, 우리는 "주소서, 주소서, 주소서!"라고 하나님께 억지를 부리는 것이 아니라 하나님에 대해서 기억하는 말을 한다. 그리고 나서 우리가 원하는 바를 정확하게 표현한다. 그러나 '원한다'라는 것은 우리의 간구에서 다른 모든 요소를 불러일으킨다. 그래서 '내가/우리가 원하는 바는 무엇인가?'라는 질문으로 시작하고자 한다. 성경에 나오고 교회가 드려 온 기도들은 우리가 간구할 내용을 가르쳐 준다.

내가 다섯 살 때, 부자 이모가 세인트루이스에 있는 백화점에 나를 데려가셨다. 이모는 내가 원하는 것은 무엇이든지 가질 수 있다고 말씀하셨다. 그래서 나는 일루수가 사용하는 야구 글러브를 사 달라고 했다. 내 기억에 의하면, 그때까지 나는 일루수 역할을 한 적이 없었다. 하지만 우리는 세인트루이스 카디널스(St. Louis Cardinals)의 야구 경기를 보러 갈 예정이었고, 나는 일루수 역할을 할 마음의 준비도 되어 있었다. (그때 부모님은 내가 야구 글러브를 선택해서 더 가치 있는 선물을 얻을 기회를 잃어버렸다고 생각하셨다.) 만약 오늘 청소년에게 원하는 것은 무엇이든지 가질 수 있다면서, 무엇을 갖고 싶은지 묻는다면, 과연 그 아이는 무엇을 요청할까? 만약 이십 대 청년에게 묻는다면 어떨까? 오십 대에게 물으면? 구십 대 노인에게 물으면? 리디아 손(Lydia Sohn)은 구십 대 노인에게 무엇을 갖고 싶은지 인터뷰를 했다. 그 인터뷰를 통해서 그들이 가장 후회하는 것을 알아냈다. 그들이 후회하면서 되돌릴 수 있다면 되돌리기를 바라는 것 가운데 가장 많이 대답한 다섯 가지는 다음과 같다.[32]

그들은 자녀들과 더 친밀한 관계를 맺지 못한 것을 후회했다.
그들은 자녀들을 올바른 삶의 길로 이끌지 못한 것을 후회했다.
그들은 더 많이 사랑하기 위해서 위험을 감수하지 않은 것을 후회했다. 예를 들면, 새로운 사람들을 사귀려고 마음을 더 활짝 열지 못한 것이나, 잘 알고 지내던 사람들에게 더 많은 애정을 보이지 않은 것 등이다.
그들은 사람들의 말을 더 주의 깊게 듣지 않은 것을 후회했다. 그들은 다른 사람들에게 더 공감하며 사려 깊게 행동했으면 하고 바랐다.

그들은 사랑하는 사람들과 더 많은 시간을 보내지 않은 것을 후회했다.

만약 그들이 그 모든 것을 다시 할 수 있다면, 그들은 시간을 되돌려서 그 당시에 그것들을 위해서 기도했을 거라고 추측할 수 있다. 구십 대 노인들이 원했던 지혜는 오늘날 우리가 무엇을 위해서 기도할지 알려 준다. 우리가 죽는 날 우리와 함께 있기를 가장 바라는 사람들은 누구인가? 이제부터 우리는 그 사람들과 더 친밀한 관계를 유지하도록 기도해야 한다.

만약 성경과 교회의 전승으로 이어져 온 간구 유형에 관한 탐구가 우리에게 무엇인가를 가르쳐 준다면, 그것은 **우리가 진정으로 원하는 바를 하나님께 간청하는** 법일 터다. 켈트 교회에서 사용하던 다음의 아름다운 기도는 그리스도께서 온종일 우리와 함께 계시도록 간청하는 내용으로 가득 차 있다. 또한 각각의 내용은 하나님이 합당하게 여기시는 간구가 무엇인지 상기시켜 준다.

빛이신 그리스도여
나를 비추고 이끄소서.
방패이신 그리스도여,
나를 보호하소서.
그리스도여 내 아래

그리스도여 내 위에

그리스도여 내 옆에

그리스도여 내 왼쪽과 오른쪽에 계시옵소서.

오늘 자기를 낮추시며

온유하지만 강력하게

내 안에 또한 내 바깥에 계시옵소서.

내가 언급하는 모든 사람의 마음속에 계시옵소서.

나에게 말을 하는 모든 사람의 입안에 계시옵소서.

오늘 자기를 낮추시며

온유하게 하지만 강력하게

내 안에 또한 내 바깥에 계시옵소서.

빛이신 그리스도여

방패이신 그리스도여,

내 곁에 계시옵소서.

내 왼쪽과 오른쪽에 계시옵소서.[33]

이제 우리는 다양한 간구 기도의 내용에 대한 표본을 살펴보고자 한다. 우리가 기도에서 하나님께 간청하는 사항들은 사람들의 숫자만큼이나 수없이 많다. 나는 여덟 가지를 언급하고자 한다.

하나님께 자비를 간청함

복음의 핵심 주제는 "그리스도는 우리의 주님과 구원자"다. 그렇다면 구원은 기독교 신앙의 중심에 있으며, 그 말은 하나님께 자비를 간청한다는 뜻이다. 여기서 나는 구원받은 이들이 교회에서 매주 모두 함께 기도하는 내용, 곧 성만찬 이전의 참회 기도를 제시하고자 한다.

지극히 자비로우신 하나님,

우리는 우리가 생각, 말과 행동으로
하나님께 범죄했음을 자백합니다.
우리가 행한 것과 미처 행하지 않은 것으로 범죄했습니다.

우리는 온 마음으로 하나님을 사랑하지 않았습니다.
우리의 이웃을 우리 자신처럼 사랑하지 않았습니다.

진정으로 뉘우치며 겸손히 회개합니다.

하나님의 아들 예수 그리스도로 말미암아,
우리에게 자비를 베풀어 주시고 우리를 용서해 주소서.

그리하여 우리가 하나님의 뜻 안에서 즐거워하게 하시고, 하나님의 길을 따라 걷게 하소서. 하나님의 이름에 영광을 돌리게 하소서. 아멘.[34]

지난 세대의 선도적인 복음주의 목회자이자 신학자이며 복음 전파자 가운데 한 사람인 존 스토트(John R. W. Stott)는 하나님께 자비를 간청한다는 의미를 보여 주는 세 개의 간구를 작성했다.

자신의 거룩한 몸과 피를 상징하는 빵과 포도주를 주신 우리 주 예수 그리스도께 겸손히 감사드립니다. 주님은 세상의 죄를 대속하기 위해서 십자가 위에서 주님의 몸과 피를 내어주셨습니다. 또한 우리에게 빵과 포도주를 먹고 마심으로써 주님을 기억하라고 명령하셨습니다.
우리가 철저하게 회개하게 하소서.
우리의 믿음을 강하게 붙들어 주소서.
그리고 우리가 형제자매를 더 많이 사랑하게 하소서.
우리의 구원을 위한 성찬을 먹고 마심으로써 온 마음으로 감사하며 참된 양식인 주님을 먹고 마시게 하소서. 주님의 크고 존귀한 이름으로 간구합니다.[35]

그리스도를 닮기 위해서 하나님께 간구하기

우리는 하나님께 자비를 구할 뿐만 아니라 그리스도를 닮아 가도록 하나님께 간청한다. 그것을 "그리스도의 형상"으로 빚어낸다고 말하고 싶다.

사도 바울은 에베소 교회의 신자들이 그리스도 안에 참여하며, 또한 성령님을 통해서 그리스도와 같이 되기를 기도했다. 바울은 이렇게 기도했다. 나는 그리스도를 닮아 가기 위한 사도 바울의 이중 간구를 강조체로 표기했다.

> 이러므로 내가 <u>하늘과 땅에 있는 각 족속에게 이름을 주신</u> *아버지,* 앞에 무릎을 꿇고 비노니 그의 영광의 풍성함을 따라 **그의 성령으로 말미암아 너희 속사람을 능력으로 강건하게 하시오며, 믿음으로 말미암아 그리스도께서 너희 마음에 계시게 하시옵고,** 너희가 사랑 가운데서 뿌리가 박히고 터가 굳어져서 능히 모든 성도와 함께 지식에 넘치는 그리스도의 사랑을 알고 그 너비와 길이와 높이와 깊이가 어떠함을 깨달아 하나님의 모든 충만하신 것으로 너희에게 충만하게 하시기를 구하노라. [그는 바로 그리스도시니!]
> (엡 3:14-19)

크리스마스 다음에 오는 두 번째 일요일에 드리는 『성공회 기도서』의 아름다운 기도는 우리가 그리스도 안에서 연합하고 참여하는 것을 다룬다. 그 기도는 우리가 그리스도를 닮아 가는 것이 우리가 그리스도와 연합할 때, 오직 성령을 통한 하나님의 역사로 이루어지는 결과라고 가르친다.

오 하나님, 주님께서는 만물을 아름답게 창조하시고, 존엄하게 빚어진 인간의 본성을 더욱 훌륭하게 회복하여 주셨습니다. **자기를 낮추어 우리와 같은 인간이 되기 위해 이 땅에 오신 주님의 거룩한 생명을 우리가 공유하게 하소서.** 성령 안에서 아버지와 함께 한 분 하나님이며 아들이신 우리 주 예수 그리스도는 영원히 사시며 다스리십니다. 아멘.

여기에 그리스도를 닮기 위해서 하나님께 간구하는 세 개의 아름다운 사례들이 더 있다. 주현절 이후 마지막 일요일에, 재의수요일 바로 앞에 드리는 그리스도를 닮기 위한 간구는 십자가의 삶을 닮는다는 의미다. "오 하나님, 하나님의 외아들이신 주님이 고난을 겪기 전에, 거룩한 산 위에서 영광을 계시해 주셨습니다. 비오니, 우리가 믿음으로 주님 얼굴의 광채를 보게 하소서. 그럼으로써 힘을 얻어 우리의 십자가를 지고 가게 하시고, 영광에서 영광에 이르기까지 우리를 변화시켜 주님을 닮게 하소서." 종려 주일이나 고난 주일에는 다음과 같이 기도하며, 다가오는 한 주일을 기대한다. "전능하시며 영원히 살아 계신 하나님, 우리를 향한 자비로운 사랑으로 아들이신 주 예수 그리스도를 이 땅에 보내어, 인간의 본성을 취하게 하셨습니다. 주님은 십자가에서 죽음의 고통을 겪으시고, 위대한 겸손의 모범을 보여 주셨습니다. 자비를 베푸사, 우리가 주님의 고난의 길을 따르게 하시고, 주님의 부활에 참여하게 하소서." 우리 예배에서 부활절보다 더 중요한 날은 없다. 그러나 부활절에 우리는 바로 그리스도를 철저하게 닮아 가는 삶에 대한 본기도를 드린다. "우리가 죄에 대해서 날마다 죽게 하소서. 주님의 부활의 기쁨으로 우리가 주와 함께 영원히 살게 하소서."

다른 기도들도 이처럼 그리스도를 닮기를 간청하는 기도를 반영한다. 다음 기도는 내가 가장 선호하는 기도 가운데 하나다.

우리의 형제이신 예수님,
주님은 꼭 가야 할 길을 가셨으며,
우리를 대신해 십자가에 달리셨습니다.
우리가 고난을 당해야 할 때가 되면,
그 고통에 집착하지 않게 하소서.
주님을 위해서 우리 자신의 생명을 바쳐야 할지라도,
거부하지 않게 하소서.
그리하여 새 생명으로 이끌리게 하소서. 아멘.[36]

하나님께 일상생활에서 복을 간구하기

이제 교회의 간구에서 또 다른 주제로 옮겨 가고자 한다.

대부분 사람은 자신의 삶에서 일상적으로 일어나는 일들에 대해서 하나님께 기도한다. 다른 사람들에게 그것은 '일상적인' 문제일 수도 있지만 기도하는 당사자에게는 일생일대의 매우 중요한 문제다. 내 딸 로라가 맨 처음으로 교직에 나가 기회를 얻기 위해서 원서를 냈을 때, 또한 로라가 시카고 교외에 있는 현재의 학교에 지원했을 때, 나는 딸을 위해서 열심히 기도했다. 또한 마이너 리그에서 야구 선수로 뛰는 내 아들 루카스가 시카고 컵스에서 경력을 이어 갈 수 있다는 사실을 알았을 때, 그를 위해서 열심히 기도한 사실도 기억한다. "아버지, 하나님은 우리가 저마다 우리를 향하신 아버지의 계획을 발견하고 이루어 가기를 원하십니다. 그것을 이루어 주소서."

나오미가 모압 출신의 자기 며느리를 위해서 어떤 기도를 드렸는지 읽었을 것이다. 그 당시 두 여인은 모두 남편을 여의었다. 하나님 백성의 기도 생활에서 이런 종류의 관심사가 나타난다는 사실이 조금도 놀랍지 않다. 나오미의 남편 엘리멜렉("하나님은 나의 왕이시다"를 뜻한다)은 죽었고, 나오미의 두 며느리의 남편들도 죽었다. 그래서 나오미는 유다 지역으로 돌아가기로 결심한다. 나오미는 자신의 두 며느리를 떠나보내기에 앞서, 이렇게 말한다.

나오미가 두 며느리에게 이르되, "너희는 각기 너희 어머니의 집으로 돌아가라. **너희가 죽은 자들과 나를 선대한 것같이 여호와께서 너희를 선대하시기를 원하며 여호와께서 너희에게 허락하사 각기 남편의 집에서 위로를 받게 하시기를 원하노라.**" 그들에게 입 맞추매, 그들이 소리를 높여 울며, 나오미에게 이르되, "아니니이다. 우리는 어머니와 함께 어머니의 백성에게로 돌아가겠나이다" 하는지라. (룻 1:8-10)

한 며느리, 곧 오르바는 모압 땅에 남기로 선택한다. 반면에 다른 며느리인 룻은 나오미를 떠나지 않는다. 룻은 다음과 같이 말하면서 하나님께 간구할 뿐만 아니라, 또한 나오미를 따르겠다는 자신의 뜻을 굽히지 않는다.

룻이 이르되,

"내게 어머니를 떠나며
　어머니를 따르지 말고 돌아가라 강권하지 마옵소서!
어머니께서 가시는 곳에 나도 가고
　어머니께서 머무시는 곳에서 나도 머물겠나이다.
이미니의 백성이 니의 백성이 되고
　어머니의 하나님이 나의 하나님이 되시리니

어머니께서 죽으시는 곳에서 나도 죽어
거기 묻힐 것이라.
**만일 내가 죽는 일 외에 어머니를 떠나면
여호와께서 내게 벌을 내리시고
더 내리시기를 원하나이다!"** (룻 1:16-17)

이것은 진정으로 일상생활과 관련된 기도다. 하나님께 일상생활과 관련한 간청을 드리는 일은 룻기에서 또다시 나타난다. 나오미는 룻이 보아스의 밭에서 온종일 일했다는 사실을 알았을 때, 룻을 위한 좋은 자리를 하나님께 구한다. 비록 나오미는 룻이 보아스의 집으로 들어가는 방법에 관한 희망이 어떻게 이루어질지 전혀 알지 못하지만, 이와 같은 간청을 한다. "그[보아스]가 야웨께 복 받기를 원하노라. 그가 산 자와 죽은 자에게 헌신하기를 단념하지 않았도다"[룻 2:20, 존 골딩게이(John Goldingay)의 번역을 따름].[37] 이것은 하나님께 보아스의 눈을 열어 주셔서, 자신의 며느리를 주목하게 해 달라는 기도다. 사실상 이 이야기는 룻이 보아스에게 유용한 존재라는 사실을 알리는 데서 시작한다. 보아스는 룻을 그녀의 삶에서 좋은 위치로 돌아가게 하는 '회복자'가 될 수 있다는 사실을 인식한다. 보아스는 룻의 신분을 회복시켜 주는 데 자기보다 법적으로 선행하는 사람의 보증을 받아 낸다. 그러자 보아스와 룻과의 결혼이 법적으로 허용된다. 그리고 실제로 보아스는 룻과 결혼한다. 성문에서 열린 법정에 참여한 사람들은 혼인을 허용하는 결정을 내린다. 그리고 그들은 보아스와 룻을 위해서 하나님께 이렇게 간구한다. "우리가 증인이다! 야웨께서 당신의 집으로 들어오는 그 여인에게 **많은 자녀를 낳게 하시기를 원하노라!**"(룻 4:11, 존 골딩게이의 번역을 따름)³⁸ 사실상 룻은 자녀를 낳았다. 우리 가운데 많은 사람은 시간이 지나서 룻과 나오미가 배운 교훈을 배운다. 삶의 어떤 순간에 일상적인 것으로 보였던 어떤 문제가 나중에 매우 중요한 것으로 판명된다. 룻은 다윗왕의 증조할머니가 되었다.

다윗이 왕이 되는 사건은 룻과 나오미와 보아스의 이야기를 놀라운 것으로 만든다. 그러나 이 이야기를 다른 각도에서 이해해 보는 것도 잊지 말자. 나오미는 자신의 신실한 며느리에게 새 남편을 찾아서 새로운 생활을 시작하라는 매우 나쁜 제안을 했다. 룻은 외국인 이주자이며 언약 바깥에 있던 사람이었다. 하지만 룻은 가계(家系)를 회복해 줄 남편을 맞이하기를 원했다. 그리고 보아스는 이 젊은 모압 여인과 결혼하고자 하는 소원을 이루기 위해서 율법 규정을 신실하게 따랐다. 이 모든 것은 일상생활의 바람이고, 매우 일상적인 간청들이다.

다윗이 아들의 치유를 위해 하나님께 간청하는 기도

다윗은 자기 아들을 병에서 낫게 해 달라고 하나님께 기도하기를 주저하지 않았다. "다윗이 그 아이를 위하여 하나님께 간구하되 다윗이 금식하고 안에 들어가서 밤새도록 땅에 엎드렸으니"(삼하 12:16). 예수님은 사람들을 병에서 낫도록 간청하기를 망설이지 않으셨다. 우리는 다음 이야기에서 예수님이 모국어인 아람어로 말씀하시는 것을 엿들을 수 있다.

사람들이 귀 먹고 말 더듬는 자를 데리고 예수께 나아와 안수하여 주시기를 간구하거늘, 예수께서 그 사람을 따로 데리고 무리를 떠나사 손가락을 그의 양 귀에 넣고 침을 뱉어 그의 혀에 손을 대시며 하늘을 우러러 탄식하시며 그에게 이르시되, **"에바다"** 하시니 이는 **"열리라"**는 뜻이라. 그의 귀가 열리고 혀가 맺힌 것이 곧 풀려 말이 분명하여졌더라. (막 7:32-35)

베드로는 예수님의 이름으로 기도해서, 나면서부터 걷지 못한 거지를 고쳐 주었다.

나면서 못 걷게 된 이를 사람들이 메고 오니 이는 성전에 들어가는 사람들에게 구걸하기 위하여 날마다 미문이라는 성전 문에 두는 자라. 그가 베드로와 요한이 성전에 들어가려 함을 보고 구걸하거늘, 베드로가 요한과 더불어 주목하여 이르되, "우리를 보라" 하니 그가 그들에게서 무엇을 얻을까 하여 바라보거늘 베드로가 이르되, "은과 금은 내게 없거니와 내게 있는 이것을 네게 주노니, 나사렛 예수 그리스도의 이름으로 **일어나 걸으라**" 하고 오른손을 잡아 일으키니 발과 발목이 곧 힘을 얻고 뛰어 서서 걸으며 그들과 함께 성전으로 들어가면서 걷기도 하고 뛰기도 하며 하나님을 찬송하니. (행 3:2-8)

교회는 병든 사람을 낫게 하려고 기름을 붓거나 최소한 환자들을 위해 기도하는 강력한 전통을 지니고 있다. 그러나 어떤 교회들에서 종종 이 전통은 무시되어 왔다. 『성공회 기도서』는 기름을 붓는 것과 관련된 기도와 아픈 사람을 위한 치유 기도의 전형을 제공해 준다.

건강과 구원을 베푸시는 주님, 거룩하신 아버지, **주님의 거룩한 영을 보내셔서 이 기름을 거룩하게 하소서.** *주님의 거룩한 사도들도 많은 병자들에게 기름을 부어 그들을 고쳐 주었습니다. 이와 같이 믿음으로 회개하는 이들에게 이 거룩한 기름부음으로 온전한 치유를 베풀어 주소서.* 아버지 하나님은 성령과 함께 한 분 하나님이신 우리 주 예수 그리스도를 통해 영원히 사시며 다스리십니다. 아멘.

어떤 이들은 기름을 사용하는 게 익숙하지 않다. 그러나 기름을 바르며 병이 낫기를 기도하는 것은 성경에 자주 나타난다(막 6:13;

눅 10:34; 약 5:14). 이제 병자를 위한 본기도를 살펴보자.

생명과 건강을 주시는 하늘에 계신 아버지, 병 중에 있는 주님의 종들을 위로하시고 그들이 고통에서 벗어나게 하소서. 목회자들에게 주님의 치유 능력을 베푸소서. 구하오니, [이름을 언급하면서]을/를 돌아보시어 그의 연약한 육신과 영혼을 강건하게 하여 주시고, 그 백성을 돌보시는 주님의 사랑에 대해 굳은 확신을 갖게 하소서. 아버지 하나님께서는 성령과 함께 한 분 하나님이신 주 예수 그리스도를 통해서 이제와 영원토록 사시며 다스리십니다. 아멘.

이 기도들은 직접적이고 명확하다. 그리고 대담하게 간구한다. 왜? 병에서 낫기를 간절히 바라기 때문이다. 자신이 바라는 것을 하나님께 간청하라.

하나님께 신실함을 간청하는 기도

믿음(faith)은 헬라어 명사 '피스티스'(pistis)를 번역한 단어다. 이 명사의 동사형은 '피스튜오'(pisteuo)인데, '믿다'로 번역된다. 신약성경에서 믿음은 세 가지 의미를 지닌다. (그리스도의 구원과 치유를 신뢰한다는 의미의) 신뢰(trust), (우리의 신앙생활과 관련해서 그리스도에게 충성한다는 의미의) 신실함(faithfulness), (우리가 믿는 내용이라는 의미의) 믿음-(faith)이다.[39] 해당 헬라어 명사와 관련된 이 모든 의미를 포함해 그 이상의 의미가 교회의 기도 전통 안에는 담겨 있다. 거기에는 그리스도를 따르면서 하는 의로운 행위, 순종, 기다림 및 인내 등에 대한 간구가 포함된다.

죽음의 시련을 앞에 두고 있었을 때, 예수님이 베드로를 위해서 기도하신 일을 기억하는가? 누가는 그것을 이렇게 알려 준다. "시몬아, 시몬아, 보라 사탄이 너희를 밀 까부르듯 하려고 요구하였으나 그러나 내가 너를 위하여 **네 믿음이 떨어지지 않기를** 기도하였노니 너는 돌이킨 후에 네 형제를 굳게 하라"(눅 22:31-32). 사도 바울도 골로새 교회의 신자들이 신실할 것을 다음과 같이 다양한 표현으로 기도했다.

이로써 우리도 듣던 날부터 너희를 위하여 기도하기를 그치지 아니하고 구하노니 **너희로 하여금 모든 신령한 지혜와 총명에 하나님의 뜻을 아는 것으로 채우게 하시고 주께 합당하게 행하여 범사에 기쁘시게 하고 모든 선한 일에 열매를 맺게 하시며 하나님을 아는 것에 자라게 하시고 그의 영광의 힘을 따라 모든 능력으로 능하게 하시며 기쁨으로 모든 견딤과 오래 참음에 이르게 하시고** 우리로 하여금 빛 가운데서 성도의 기업의 부분을 얻기에 합당하게 하신 **아버지께 감사하게 하시기를 원하노라.** 그기 우리를 흑암의 권세에서 건져 내사 그의 사랑의 아들의 나라로 옮기셨으니 그

아들 안에서 우리가 속량 곧 죄 사함을 얻었도다. (골 1:9-14)

성령 강림절 이후에 맞는 일요일 가운데 한 주일에 신실함에 대한 네 가지 의미 형태로 이루어진 본기도를 드린다(연중 17주일).⁴⁰

모든 선한 것을 지으시고 베푸시는 *전능하신 주님*,
우리의 마음속에 주의 사랑의 이름을 새겨 주소서.
우리 안에 참된 믿음이 자라게 하소서.
우리를 모든 선한 것으로 먹여 주소서.
또한 우리를 통해서 선한 일의 열매를 맺으소서.

아버지 하나님은 성령과 함께 한 분 하나님이신 우리 주 예수 그리스도를 통해 영원히 사시며 다스리십니다. 아멘.

하나님의 위엄과 거룩함 간구하기

오늘날 **거룩**이라는 용어는 그다지 선호되지 않는다. 부분적으로 그 단어가 수반하는 의미 때문일 것이다. 거룩이 무엇을 마시거나 날마다 정기적으로 드리는 기도나 엄격한 훈련 같은 것들의 다소 더 까다로운 요구에 지나지 않는다고 하더라도, 많은 사람에게 거룩은 전적으로 부정적인 인상을 준다. 그렇지만 그 용어는 성경에서 전적으로 긍정적인 개념을 지닌다.[41] 우선, 하나님은 거룩하시다. 하나님의 거룩은 유일무이하다. 하나님이 어디 계시든지, 곧 하나님이 임재하시는 곳은 거룩하다. 그렇다면 거룩은 하나님의 임재(presence)와 관련이 있다. 구약성경은 성막과 성전 안에 하나님이 임재하신다는 이 주제를 제시한다. 하나님의 임재가 거룩할 뿐만 아니라, 하나님의 백성 역시 거룩하도록 부름받았다. 안타깝게도 많은 사람은 이 용어가 '분리'(separateness)를 의미한다고 생각한다. 그것은 진리이긴 하지만 반쪽짜리의 진리다. 반쪽 진리는 의미를 왜곡할 수 있다. 사람들이 거룩하다는 진술은 분리에 앞서, 유일무이하시며 거룩하신 하나님께 바쳐졌다는 뜻이다. 따라서 거룩함은 하나님께 바쳐진 것을 뜻한다. 그리고 하나님과 하나님 앞에 바쳐졌다는 말은 세상적인 것과 죄악된 것(sinfulness)에서 분리되었다는 뜻이다. 하나님께 바쳐졌다는 말은 속되고 일상적인 것에 드려지지 않았다는 뜻이다.

이스라엘 사람들은 네 자음(四子音; Tetragrammaton)으로 불리던 하나님의 거룩한 이름 야웨(YHWH)를 부르기를 주저했다. 그래서 야웨 대신에 "아도나이"(주님)라고 불렀다. 이와 마찬가지로, 예수님도 이른바 "주님의 기도"에서 제자들에게 하나님의 이름을 "거룩하게 하라" 또는 "그 이름에 경외심을 표현하라"고 가르치셨다(마 6:9). 또한 예수님은 아버지께서 그의 제자들을 진리로 "거룩하게 하옵소서"라고 기도하셨다(요 17:17). 앞에서 이미 언급했지만, 에베소와 골로새 교인들을 위한 바울의 기도는 모두 거룩에 대한 이와 같은 이해를 반영한다. 성금요일(Good Friday)에 전통적인 예배 의식을 따르는 많은 사람은 자신들이 거룩하게 바쳐지도록 이렇게 기도한다. "우리에게 은혜를 베푸셔서, 악의와 사악함의 누룩을 제하여 주옵시고, 언제나 순결한 삶과 진리로 주님을 섬기게 하소서"(『성공회 기도서』 부활절 금요일).

온전히 거룩하신 하나님 앞에서 모든 사람이 보여야 할 합당한 자세는 경외심, 겸손과 엎드려 절하거나 무릎을 꿇는 것이다. 오늘날 그리스 영토에 속한 낙소스(Naxos)섬에서는 십자가를 표시하는 사람과 흔히 마주친다. 나는 그들이 교회나 십자가가 있는 작은 기도실을 보았을 때 그렇게 한다는 사실을 알게 되었다. 교회의 기도들에 관한 책들을 읽으면서, 프랭크 콜쿠혼(Frank Colquhoun)의 교구를 위한 기도들을 발견했다. 그 기도들은 다음과 같은 간구로 가득 차 있다.

전능하시며 영원하신 하나님,
우리의 마음을 주님께 이끄시고, 우리의 생각을 인도하소서.
우리의 상상력을 채워 주셔서, 우리의 의지를 통제하소서.
그리하여 우리가 완전히 주님께 속하게 하시고, 온전히 주님께 헌신하게 하소서.
그리고 기도하오니 주님의 뜻대로 우리를 사용하여 주소서.

그러나 언제나 주님의 영광과 주님 백성의 형통함을 위해서 살게 하소서.

우리의 주님이시며 구원자이신 예수 그리스도를 통해서 기도합니다.[42]

하나님께 사랑 간구하기

사랑은 우리가 생각만큼 쉽게 할 수 있는 미덕이 아니다. 특별히 하나님을 사랑하는 것과 원수들을 사랑하는 것은 매우 어렵다. 하나님은 사랑이시다. 그리고 우리는 하나님 아버지와 아들과 성령님에 대해서 삼위일체 하나님에 대한 신앙을 지니고 있다. 그 신앙은 한 분이신 삼위일체 하나님이 서로 사랑의 친교를 나누신다는 믿음이다. 이 사랑의 하나님이 우리를 사랑하신다. 우리는 이 하나님의 사랑으로부터 다른 사람들을 사랑하는 법을 배운다. 사랑은 다른 인격체를 순수하게 따스한 마음으로 섬기는 것이고, 다른 사람들과 함께 있는 것이며, 그들을 위해서 있는 것이고, 그들과 더불어 그리스도를 닮아 가는 것이다.[43] 사랑은 하나님을 사랑하고 다른 사람들을 사랑하는 것이다. 그 사랑에는 그리스도와 함께하고 그분을 변호하며 그리스도를 닮아 가는 방향의 투박하고 감정적인 헌신의 의미가 있다.

요한복음 17장에 수록된 예수님이 드리신 대제사장의 기도는 다음과 같은 기도로 마무리된다. "내가 아버지의 이름을 그들에게 알게 하였고 또 알게 하리니 이는 나를 사랑하신 사랑이 그들 안에 있고 나도 그들 안에 있게 하려 함이니이다"(요 17:26). 또한 바울도 데살로니가 신자들이 사랑의 행동을 배우도록 다음과 같이 기도했다.

하나님 우리 아버지와 우리 주 예수는 우리 길을 너희에게로 갈 수 있게 하시오며 또 주께서 우리가 너희를 사랑함과 같이 너희도 피차간과 모든 사람에 대한 사랑이 더욱 많아 넘치게 하사 너희 마음을 굳건하게 하시고 우리 주 예수께서 그의 모든 성도와 함께 강림하실 때에 하나님 우리 아버지 앞에서 거룩함에 흠이 없게 하시기를 원하노라. (살전 3:11-13)

교회는 동일한 기도를 익혀 왔다. "저마다의 마음속에 세상을 구원해 주신 우리 주님 예수 그리스도의 사랑을 심어 주소서"(거룩한 이름 예수의 날, 1월 1일, 『성공회 기도서』). 하나님의 사랑은 다른 사람들을 사랑하도록 이끈다. 내가 여러 번 했던 켈트 교회의 어떤 축복 기도는 이런 맥락에서 타인을 향한 사랑을 전달하며, 온종일 또는 한동안 집을 떠나는 가족을 위해서 이렇게 기도한다.

그리스도께서 그대를 어디로 보내시든지
주 예수 그리스도의 평안이 그대를 따를지어다.
주께서 그대를 광야의 한가운데로 지나가게 하시고

폭풍우에서 보호하셔서
주께서 베풀어 주시는 놀라운 일들을 통해서
기뻐하며 집으로 돌아오게 하실지어다.
주께서 그대를 기뻐하며 집으로 돌아오도록 이끄셔서,
또다시 그대가 우리 집 문으로 들어오게 하실지어다.[44]

사랑은 성령의 열매다. 그래서 주현절 이후 일곱 번째 일요일 본 기도에 성령님이 언급된다. "오 주님,…주님의 성령을 우리에게 보내소서. 주님의 가장 위대한 선물을 우리의 마음속에 부어 주소서. 그 선물은 곧 사랑이며, 평안과 모든 미덕을 진정으로 연결하는 끈입니다. 사랑이 없으면, 누구든지 주 앞에 죽은 사람으로 간주되나이다."

우리는 하나님께 계속해서 간청할 수 있다. 그러나 나는 한 가지 더, 곧 일곱 번째 요소를 제시하고자 한다.

하나님께 성령을 간구하기

먼저 요한복음 20장에서 예수님은 제자들에게 "숨을 내쉬며" "성령을 받으라"라고 말씀하셨다(요 20:22). 그리고 오순절에 제자들에게 불의 혀처럼 갈라지는 것들이 그들에게 보이며, 각 사람 위에 성령님이 임하셨다(행 2:3). 그다음 베드로와 요한이 사마리아 사람들에게 손을 얹고 기도하자, 그들 역시 성령님을 받았다(행 8:14-17). 나중에 바울이 에베소에 가서, 세례 요한의 제자들에게 손을 얹고 기도하자, 성령님이 그들에게 임하셨다(행 19:1-7). 이처럼 교회는 성령님이 자신들과 다른 사람들에게 임하시도록 기도하는 관습을 익혔다. 그 기도에는 종종 기름을 붓는 일이 수반되었다.

주현절 이후 일곱 번째 일요일에 『성공회 기도서』를 사용하는 이들은 주님께 이렇게 간청한다. "주님의 성령을 보내소서. 주님의 가장 위대한 선물인 사랑을 우리의 심령에 부어 주소서. 사랑은 평안과 모든 미덕을 연결해 주는 참된 띠입니다. 사랑이 없으면, 누구든지 주님 앞에서 죽은 것으로 간주됩니다." 성령을 통해서 부어지는 하나님의 은혜로운 은사인 이와 같은 사랑이 없으면, 우리가 살 수 없으므로, 우리는 사랑을 간청한다.

부활절의 일곱 번째 일요일은 승천 주일이다. 이때 그리스도는 제자들을 떠나서 하늘로 가셨다. 우리는 제자들의 슬픔을 그리스도와 하나가 되는 출발점으로 삼으며, 그 사건을 회고한다. "영광의 왕이신 하나님, 외아들 예수 그리스도를 높이셔서, 위대한 승리와 더불어 승천하게 하셨습니다. 우리를 위로받지 못한 채 내버려 두지 마소서. 하나님의 성령을 우리에게 보내셔서 능력을 주소서. 우리의 구주이신 그리스도께서 먼저 가신 나라로 우리를 들어 올려 주소서."

성령 강림절 이후의 시기에 우리는 하나님께 다음과 같이 기도한다. "우리에게 성령의 은혜를 베푸셔서, 우리가 온 마음으로 하나님께 헌신하게 하시며, 순전한 사랑으로 서로 하나되게 하소서"(연중

9주일). 성령에 의해서 하나님의 능력은 하나됨을 빚어낸다. "오 자비로우신 하나님, 하나님의 교회가 성령으로 하나됨을 이루어 모이게 하소서. 모든 사람에게 하나님의 권능을 드러내시고 하나님의 이름을 영화롭게 하소서"(연중 16주일).

7장
하나님 떠올리기

만약 성경의 유형을 따라서 간구 기도를 작성한다면, 첫 번째 질문은 "내가/우리가 무엇을 원하는가?"다. 두 번째 질문은 "내가/우리가 바라는 것을 하나님이 응답해 주고 싶어 하시는 이유는 무엇일까?"다. 이 질문은 우리를 기도에 관한 신학적인 깊은 근원으로 이끈다. 하나님에 관한 어떤 점 때문에 하나님은 이 기도의 간청에 응답하고 싶어 하시는가? 다르게 표현하자면, 하나님 떠올리기 요소에서 우리는 하나님에 대한 진리에 근거해서 하나님께 간청한다. 그래서 그 기도는 하나님이 이 기도의 간청에 응답하시기에 부합한다.

하나님 떠올리기는 성경의 가장 초기의 몇몇 기도들에서 나타난다. 사무엘하 7:18-29에는 다윗의 긴 기도가 수록되어 있다. 그 기도는 신학적으로 심오하며 성경의 간구 유형에 본보기를 제시한다. 그리고 그 유형은 교회 안에서 발전되었다. 내가 다른 기도들에 주목했던 것처럼, 여기서 이 기도에 주목하고자 한다.

다윗왕이 여호와 앞에 들어가 앉아서 이르되 "주 여호와여 나는 누구이오며 내 집은 무엇이기에 나를 여기까지 이르게 하셨나이까? 주 여호와여 주께서 이것을 오히려 적게 여기시고 또 종의 집에 있을 먼 장래의 일까지도 말씀하셨나이다. 주 여호와여 **이것이 사람의 법이니이다.** 주 여호와는 주의 종을 아시오니 다윗이 다시 주께 무슨 말씀을 하오리이까?

주 여호와여 주는 위대하시니 이는 우리 귀로 들은 대로는 주와 같은 이가 없고 주 외에는 신이 없음이니이다. 땅의 어느 한 나라가 주의 백성 이스라엘과 같으리이까? 하나님이 가서 구속하사 자기 백성으로 삼아 주의 명성을 내시며 그들을 위하여 큰일을, 주의 땅을 위하여 두려운 일을 애굽과 많은 나라들과 그의 신들에게서 구속하신 백성 앞에서 행하셨사오며 주께서 주의 백성 이스라엘을 세우사 영원히 주의 백성으로 삼으셨사오니 여호와여 주께서 그들의 하나님이 되셨나이다.

여호와 하나님이여 이제 **주의 종과 종의 집에 대하여 말씀하신 것을 영원히 세우시며 말씀하신 대로 행하사**

사람이 영원히 주의 이름을 크게 높여 이르기를 만군의 여호와는 이스라엘의 하나님이라 하게 하옵시며 주의 종 다윗의 집이 주 앞에 견고하게 하옵소서. 만군의 여호와 이스라엘의 하나님이여 주의 종의 귀를 여시고 이르시기를 내가 너를 위하여 집을 세우리라 하셨으므로 주의 종이 이 기도로 주께 간구할 마음이 생겼나이다.

주 여호와여 오직 주는 하나님이시며 주의 말씀들이 참되시니이다. **주께서 이 좋은 것을 주의 종에게 말씀하셨사오니 이제 청하건대 종의 집에 복을 주사 주 앞에 영원히 있게 하옵소서.** 주 여호와께서 말씀하셨사오니 주의 종의 집이 영원히 복을 받게 하옵소서."

다윗은 하나님이 그의 간구에 응답하셔야 한다고 말한다. 왜냐하면 하나님은 신실하신 분이며, 이 세상에서 영광 받기를 바라시기 때문이다. 아브라함과 야곱과 모세와 솔로몬은 하나님이 어떤 분이셨는지, 어떤 분이신지, 또한 하나님이 무슨 일을 하셨는지 하나님을 떠올렸다. 그와 마찬가지로, 여기서 다윗도 하나님을 떠올린다. 다윗이 하나님에 대해서 신학적인 측면에서 묘사하는 내용과 비교할 때, 여기서는 비교적 적은 내용을 하나님께 간청한다. 곧 다윗은 "그것[기대하는 내용]을 영원히 확인한다." 또한 "주의 종의 집에 복을 주사"라고 말하면서, "주께서 말씀하신 내로 행하[신다]"라고 말한다. 하나님 떠올리기 부분과 관련된 솔로몬의 긴 기도와 함께, 다윗의 이 기도는 유대교, 예수님의 기도("하늘에 계신 우리 아버지" 등) 와 사도들과 교회의 본기도 전통에서 하나의 강력한 유형이 된다. 이 기도 유형은 기도하는 사람이 드리는 간구의 기초를 하나님의 본성과 행위에 둔다.

나는 이 성경의 사례에 이어 『성공회 기도서』에서 세 개의 사례를 추가로 제시하고자 한다. 그 사례들은 간구 유형에서 하나님 떠올리기 요소를 구체적으로 제시해 준다.

<u>오 하나님, 하나님은 당신을 신뢰하는 모든 이들의 힘이십니다.</u>
(주현절 이후 여섯 번째 일요일)

<u>전능하신 아버지여, 하나님이 사랑하시는 아들은 고난당하기 전날 밤에 자신의 몸과 피로 성찬을 제정하셨습니다.</u> (성목요일)

<u>모든 지혜의 근원인 전능하신 아버지, 우리가 기도하기 이전에도 또한 우리가 무엇을 간구할지 알지 못해도 하나님은 우리의 모든 필요를 알고 계십니다.</u> (성령 강림절 이후, 연중 11주일)

하나님을 떠올리기 위한 충분한 휴식

우리는 이 휴식을 배워야 할 필요가 있다. 그 이유는 다음과 같다.

우리가 기도할 때, 우리는 하나님께 말을 건다. 그러고 나서 곧바로 쉬지 않고 하나님께 간청하기 요소로 나아간다. 우리는 하나님을 떠올리기 요소를 소홀히 대해 왔다. 하지만 그 요소는 성경뿐만 아니라 교회의 본기도 전통에서 매우 분명하게 나타난다. 기도에 관한 유명 저자 재닛 몰리(Janet Morley)는 성령 강림절 이후 세 번째 일요일 기도를 작성했다. 그 기도는 성경의 유형을 잘 예증한다.[45]

> 우리의 스승이신 그리스도여,
> 주님은 모든 이성(理性)을 초월해서
> 우리의 원수들을 사랑하고
> 또한 우리를 박해하는 이들을 위해서
> 기도하라고 강권하십니다.
> 우리가 그와 같은 어리석음을
> 억지로 받아들이지 않고,
> 성령의 능력으로 받아들이게 하소서.
> 그래서 측량할 수 없는 관대함이
> 우리 기도의 무릎에 부어지게 하소서.
> 예수 그리스도의 이름으로 기도합니다. 아멘.

간구 유형에서 하나님 떠올리기 요소는 우리의 기도를 균형 잡힌 신학으로 이끌어 준다. 우리는 기도할 때 대체로 하나님의 위대하심이나 선하심이나 은혜로우심을 인정하는 잠시의 시간을 내지 않는다. 우리는 "아버지"라고 부르고 나서, 곧바로 우리의 간구를 말하기 시작한다. 사실 때때로 그와 같은 기도 방법은 타당하다. 하지만 언제나 그런 것은 아니다. 기도할 때, 하나님에 관한 진리에 더 관심을 기울여서 더 적절하게 기도하는 방법을 배워야 한다. 그렇다면 우리가 하나님을 부르고 나서, 곧바로 하나님에 관해서 곰곰이 생각하는 법을 배울 수 있다. 사실상 성경에 수록된 기도들과 교회가 전통적으로 사용하는 기도들은 하나님에 대해서 떠올리는 관습을 갖고 있다. 곧, 하나님은 어떤 분이며, 하나님은 무슨 일을 하셨는지를 떠올린다. 새뮤얼 웰스(Samuel Wells)와 애비게일 코허(Abigail Kocher)가 공동으로 저작한 훌륭한 책『기도 작성하기』(*Shaping the Prayers of the People*)에서 하나님에 관한 이와 같은 진리들에 대해서 "경주 기록과 행위의 특성을 기억하면서 하나님께 호소하는 것"이라고 말한다.[46] 그렇다. "경주 기록"이다. 하나님 떠올리기 요소는 바로 그와 같은 일을 한다.

성공회 신자들은 다른 이들이 본기도를 드리는 데 동참한다. 그렇지만 성공회의 이 방식에는 언급할 필요가 있는 강조점 하나가 있다. 그것은 종종 라틴어 문장 "렉스 오란디, 렉스 크레덴디"(*lex orandi, lex credendi*)라고 표현되는데, 대략 "기도의 법칙은 믿음의 법칙이다"라고 번역할 수 있다.[47] 다소 어색한 표현일 수 있지만, 우리는 기도하면서 신학을 배우며, 우리의 기도는 우리의 신학을 표현한다. 우리의 예배는 우리의 신학이고, 우리의 신학은 우리의 예배다.[48] 동방 정교회의 유명한 수도사였던 폰토스의 에바그리오스(Evagrius of Pontus)는 이 점을 누구보다 기억하기 쉽게 표현했다. "만약 당신이 신학자라면, 당신은 올바로 기도할 것이다. 만약 당신이 올바로 기도한다면, 당신은 올바른 신학자다."[49] 여기서 에바그리오스는 현대의 전문 신학자가 아니라, 고대의 수도원 신학자를 염두에 두었다. 그들은 그 당시 엄격한 기도 생활과 신앙 관습을 따라서 생활했다. 참된 신학은 이론적 난제들을 풀어 가는 학문 생활이 아니라, 예배하는 생활이다. 사람들은 종종 나에게 "성공회 신자들은 무엇을 믿습니까?"라고 묻는다. 그러면 나는 이렇게 대답한다. "몇 달 동안 우리가 드리는 예배에 참석해 보세요. 그러면 그 질문의 답을 알 수 있을 겁니다." 에이든 캐버나의 다음 주장은 우리를 올바른 방향으로 안내해 준다. "그리스도인의 예배와 신앙은 그들의 전례 행위 가운데 서로 수렴되고 만나고 얽히고 융합된다."[50] 이 주제에 관한 전문가이자 성공회 신학자 찰스 헤플링(Charles Hefling)은 해당 이슈를 이렇게 요약한다.

다른 교회들은 신앙고백 문서나 핵심 교리나 체계화된 신학이나 교도권의 선포에 기초를 둔다. 흔히 말하듯, 성공회는 이와는 다르다. 성공회가 기초로 삼는 것은 예배다.[51]

신학자들은 본기도가 기독교 신학의 금광(金鑛)이며, 하나님 떠올리기 요소는 기독교 신학의 핵심이라는 사실을 안다. 그러나 어떤 교파에 빠져들어 헤매지 않으려면 이 사실을 다시 한번 말해야 한다. 곧 본기도는 성공회에서 만들어 낸 것이 아니다. 하나님께 간청하는 법을 배우는 본기도는 성경과 교회의 전통에 포함된다.

* * *

하나님 떠올리기와 관련된 네 가지 주제

여기서 잠시 멈추어서 하나님에 관한 두꺼운 책을 읽고, 그 내용을 요약할 수도 있다. 그러면 우리는 하나님을 떠올리면서 무엇을 말해야 할지 온전히 파악할 수 있다. 다음에 제시하는 내용은 성경과 성령 강림절 이후의 연중 시기에 드리는 본기도와 최근에 다른 이들이 작성한 몇몇 기도에 기초했다. 이것은 하나님에 관한 핵심 주제들을 표면에 드러내 준다. 그래서 하나님 떠올리기 내용에서 하나님께 간구하기를 핵심으로 삼는 데 사용할 수 있다. 성령 강림절 이후 연중 일요일 본기도에서 우리는 하나님이 하신 일을 통해서 하나님을 떠올린다. 그 기도들 가운데 몇몇은 가장 널리 알려졌고, 많은 신자가 그 기도를 암기한다. 교회력에서 그 시기는 삼위일체 주일 다음에 시작되어 왕이신 그리스도 주일에 끝난다. 우리는 다음과 같이 하나님을 떠올린다.

하나님은 은혜의 하나님이십니다.

하나님은 선하십니다.

하나님은 그리스도 안에서 우리를 구원하셨습니다.

우리의 주님이신 예수님은 하늘 보좌에 앉아 계십니다.

우리는 이 시기에 이 주제들과 연결해서 하나님을 떠올리고 이 주제들에 근거해서 하나님께 간청한다. 또한 다음 장에서 살펴보겠지만, 우리는 하나님을 누구라고 부르며 하나님께 말을 걸어야 할지 결정한다.

은혜로우신 하나님 떠올리기

때때로 우리는 하나님께 무엇인가 간청하는데, 그 점을 곰곰이 생각하면서 다음 사실을 깨닫는다. **만약** 하나님이 우리가 원하는 것을 주신다면, 그것은 하나님의 은혜로 말미암는다는 점이다. 일반적으로 이해할 때, 은혜는 하나님이 받을 자격이 없는 죄인들에게 베푸시는 선함을 말한다. 하나님의 은혜는 성령 강림절에 드리는 본기도 이후의 연중 주간에서 주요한 주제다. 최근의 연구에서 존 바클레이(John Barclay)는 은혜를 이해하는 새로운 측면을 제시했다. 그것은 우리의 간청에 더 깊은 의미를 제공해 준다. 바클레이는 인류학자들 사이에서 '은사'(gift)가 어떻게 이해되는지 다루면서 연구를 시작한다. 그리고 은사는 은사를 베푸는 이와 해당 은사를 서로 의무를 지우는 특별한 관계로 연결해 준다고 밝힌다. 그 함의는 명백하다. 하나님은 그리스도 안에서 그리스도와 우리 사이에 긴밀한 상호 관계를 맺게 하셨으며, 우리에게 감사와 신실함의 의무를 지운다는 것이다. 그다음 바클레이는 은혜를 베푸는 이와 그것을 받는 이와 관련해서 고대 그리스, 고대 로마, 유대교의 고대 텍스트들 안에서 은사와 은혜를 탐구한다. 그는 각각의 주제에 대해서 다음과 같이 간결하게 요약한다. [52]

(1) **초충만성**: 은사는 가장 큰 규모로, 차고 넘치도록 또는 계속해서 주어진다.
(2) **단일성**: 은사를 베푸는 이는 오직 그리고 순전히 호의로 베푼다.
(3) **우선성**: 은사를 받는 이보다 먼저 그것을 베풀고자 하는 의도가 결정된다.
(4) **비상응성**: 받는 이가 받을 가치가 있는지 고려하지 않은 채, 은사가 베풀어진다.
(5) **유효성**: 은사는 받는 이의 성품과 행위에 영향을 미친다.
(6) **비순환성**: 은사는 받는 이와 받는 사람 사이에서 서로 계속해서 순환되지 않는다.

존 바클레이의 연구는 다양한 함의를 지닌다. 하지만 첫 번째 함의는 은혜/은사는 "그리스도로 말미암은 하나님의 선물"이나 "은혜는 모두 값없이 주어진다"라는 단순한 주제보다 많은 뜻을 내포한다. 은혜는 다음과 같은 점들을 강조한다. 은사는 광범위하다. 또는 하나님은 언제나 은혜로우시다. 또는 하나님은 먼저 행동하신다. 또는 하나님이 우리에게 은사를 베푸시는 사실과 우리가 그것을 받을 자격이 없다는 사실은 서로 전혀 조화롭지 않다. 또는 하나님의 은혜는 변화시키는 능력이다. 또는 은혜는 우리가 받는다는 사실을 의미하고, 그래서 순전히 선물로 주어진다. 이른바 심지어 은혜의 사도인 바울을 연구하는 데도 앞에서 언급한 여섯 가지 주제가 모두 나타나지 않고, 그 주제들 가운데서 한두 가지나 그 이상이 나타난다는 점을 간과할 필요가 있다. 존 바클레이는 어떤 저자의 텍스트 안에서 여섯 가지 주제가 모두 나타나는 사례는 드물다고 주장한다. 그렇다면 은혜는 다양한 가능성 있는 함의를 지닌 용어다. 따라서 그 단어는 언제나 '순전한' 은사로 축소되지 않는다[앞에서 (6)번 참조]. 은혜는 우리가 하나님께 간구하기의 기초로 사용할 주제다.

은혜는 모든 선한 것을 베풀어 주시는 하나님에 대한 주제다. 월터 브루그만(Walter Brueggemann)이 지은 다음 기도는 우리에게 베푸시는 하나님을 강조한다.[53]

당신은 명령하시는 명령의 하나님입니다.

당신은 우리에게 희망을 강권하시는 기대의 하나님입니다.

당신은 끝없이 남용하는 우리의 시스템을 끊임없이 뒤집어엎는 구원의 하나님입니다.

그 모든 명령, 약속, 구원의 행위 안에서

    하나님의 **베푸시는 은혜**를 깨닫습니다.

    참으로 당신은 자신의 삶에서

        아무것도 아끼거나 제한하지 않은 채,

          우리에게 으뜸이며, 가장 좋고, 최상의 선물을 주십니다.

당신은 복되며 열매가 가득한

        아름답고 풍요로운 세상을 우리에게 주십니다.

당신은 날마다 우리를 보호해 주십니다.

    낮에 떠오르는 해도

        밤에 뜨는 달도 우리를 해치지 못합니다.

무엇보다도 당신은 우리에게

    사랑하는 외아들을 내주셨습니다.

당신은 우리에게 당신의 권능, 힘과 지혜의 영을 주십니다.

      조금도 아끼지 않고, 온갖 은사를 나누어 주십니다!

우리에게는 다른 대안이 없기에, 그저 받을 뿐입니다.

    당신의 은사가 없으면, 우리는 살 수 없기에,

    우리가 지닌 모든 것은 당신이 주신 것이기에,

우리는 신중히 조심스럽게 받습니다.

그러면서도 혹시 부족하지는 않은지 의심합니다.
　안정과 안전과 관련해서
　성적이나 보조금이나 돈이나 친구들과 관련해서
　성적 만족이나 맥주나 좋은 차와 관련해서
　학생들이나 기부금과 관련해서
　앞으로 다가올지도 모를 미래의 궂은날들에 대비해서 필요한 것들을 쌓아 놓습니다.
우리는 때때로 깜짝 놀랄 정도로 받습니다.
　그러면 모든 걱정이 순식간에 사라집니다.
　우리는 감사하면서
　　당신이 우리에게 필요한 것보다
　　훨씬 관대하게 베풀어 주신다는 사실을 깨달습니다.
　당신이 베풀어 주시는 것을 통해서 우리는 참된 자아를 찾습니다.
　그리고 우리는 당신의 아들의 형상을 닮아 갑니다.
당신의 관대하심을 생각할 때면, 깜짝 놀랍니다.
당신에 대한 감사와 이웃에 대한 관대함이 우리에게 얼마나 부족한지 헤아립니다.
　우리를 넘어서서 우리를 추적하시기를 기도합니다.
　　당신의 길에 경이로움을 느끼며,
　　세상을 향한 당신의 사랑으로,

우리의 두려움을 사라지게 하는 찬양으로,
우리 자신을 벗어나기를 기도합니다.
경이로움, 사랑과 찬양으로
　우리의 삶이 우리를 벗어나
　당신을 향해서 나아가며,
　이 세상에 축복의 통로가 되기를 기도합니다.
자신을 비우고 이 땅에 오셔서 영광에 높이 오르신 예수 그리스도의 이름으로 드리는 우리의 기도를 들어주소서. 아멘.

신학교 예배에서 드린 기도/2001년 9월 20일

그렇다면 은혜는 풍성하고 관대하며 다양하고 잘 받아들일 수 있도록 주시는 하나님의 베푸심에 관한 주제다. 브루그만의 기도는 우리에게 하나님이 베푸시는 은사들이 없으면, 우리는 "살 수 없다"는 점과 그 은사들이 없이는 우리는 무력한 존재임을 밝혀 준다.

하나님의 은혜에 대한 교회의 간구에서 본기도의 전통은 우리가 받을 자격이 없는 하나님의 은사들을 받았다는 사실을 강조한다. 바클레이의 표현을 빌리자면, 그것은 "부조화"다. 하나님은 우리에게 받을 자격이 없음에도 주시며, 우리가 기대하는 것보다 더 풍성히 주신다. 예수님이 중병에 걸린 자신의 종을 고쳐 주시기를 원했던 백부장은 자기 종이 병에서 낫는다면, 그것은 예수님이 믿는 하나님의 강력한 은혜 덕분임을 알았다.

백부장이 대답하여 이르되, "주여 내 집에 들어오심을 나는 감당하지 못하겠사오니 다만 말씀으로만 하옵소서. 그러면 내 하인이 낫겠사옵나이다." (마 8:8)

이 백부장은 받을 만한 자격이 없지만, 하나님의 은혜로 말미암아 자기 종이 나았다는 사실을 알았다.

그래서 연중 1주일 본기도에서 우리는 하나님께 이렇게 간청한다. "오 주님, 우리의 자격이 아니라, 주님이 우리에게 행하신 일을 기억해 주소서." 연중 14주일 본기도는 하나님의 은혜가 우리의 존재와 우리의 순종을 결정한다는 확신을 표현하며, 다음과 같이 기도한다. "주님, 기도하오니, 우리에게 올바로 생각하는 영을 허락하시고, 우리가 언제나 의로운 일들을 하게 하소서. 주님의 은혜가 아니면, 우리는 존재할 수 없으니, 우리가 주님의 뜻대로 살게 하소서." 다음과 같이 시작되는 연중 19주일의 본기도도 이 기도와 비슷하다. "오 하나님, 당신이 아니면, 우리는 하나님을 기쁘시게 할 수 없습니다." 하나님의 은혜에 관한 주제는 우리가 하나님을 기쁘시게 하는 모든 것의 배후에 있다. 예를 들면, 에베소서 2:8-9과 같은 바울의 편지에서 찾을 수 있다. 이 본문은 본기도에서 또다시 이렇게 표현된다. "전능하시며 자비로우신 하나님, 오직 하나님의 은혜로 당신의 신실한 백성이 참되고 칭찬받을 만한 섬김을 드릴 수 있습니다"(연중 26주일). 하나님의 은혜는 성경에 나오는 간구 기도의 하나님 떠올리기 요소에서 주요한 특징이다. 우리는 하나님의 측량할 수 없는 은혜에 관해 하나님을 떠올릴 뿐 아니라 우리가 그 은혜를 받을 자격이 없다는 사실을 인정하며 하나님을 떠올린다.

선하신 하나님 떠올리기

하나님께 간청하는 간구의 기초가 되는 또 다른 주제는 하나님의 선하심이다.

하나님의 온전한 선하심 안에서 그분의 한량없는 은혜가 나타난다. 우리가 간구하며 숙고할 때, 하나님은 우리의 간구에 응답하신다. 왜냐하면 하나님은 전적으로 선하신 분이기 때문이다. '선함' 또는 '선한'이라는 말은 히브리어 단어 '토브'(tov)를 번역한 단어다. 시편 기자는 "주는 선하사(tov) 선(tov)을 행하시오니"(시 119:68)라고 고백한다. 하나님이 모세에게 그분의 영광을 계시하기로 선택하셨을 때, 하나님은 모세에게 커다란 바위틈에 숨으라고 지시하면서 이렇게 말씀하신다. "여호와께서 이르시되 내가 내 모든 **선한 것**(토브)을 네 앞으로 지나가게 하고 여호와의 이름을 네 앞에 선포하리라. 나는 은혜 베풀 자에게 은혜를 베풀고 긍휼히 여길 자에게 긍휼을 베푸느니라"(출 33:19). 하나님의 **토브**가 모세를 지나갈 때, 하나님은 자기 손으로 모세를 보호하신다. 또한 하나님의 **토브**가 모세를 지나갈 때, 하나님은 자기 이름을 "야웨"라고 선포하신다. 하나님의 이름과 하나님의 **토브**는 실질적으로 동의어다.

여기서 숙고해야 할 점이 더 있다. 곧 하나님은 **선하(토브)시며** 또한 **선(토브)을 행하신다**. 우리는 시편의 기도들에서 하나님의 선하심이 얼마나 자주 나타나는지 알 수 있다. "[참으로] 내 평생에 **선하심(토브)**과 인자하심이 반드시 나를 따르리니"(시 23:6). 이 구절은 하나님이 **토브**와 함께 우리를 맹렬하고 끊임없이 따라오신다는 뜻이라는 점을 놓치면 안 된다. 그러므로 이 시편 기자는 우리를 맹렬하게 따라오는 **토브**이신 하나님이 우리에게 행하시는 일을 주의 깊게 들으라고 큰소리로 외친다. "너희는 여호와의 **선하심(토브)**을 맛보아 알지어다"(시 34:8). 이 **토브**를 경험한 사람은 "하나님께 가까이 함이 내게 **복(토브)**이라"(시 73:28)라고 외칠 수 있다. 한 가지를 더 소개하고자 한다. "주는 **선하사(토브)** 사죄하기를 즐거워하시며 주께 부르짖는 자에게 인자함이 후하심이니이다"(시 86:5).

또한 하나님의 선하심에 대한 세 번째 주제도 하나님께 간구하기를 뒷받침해 준다. 모든 피조물에 대한 하나님의 계획은 **토브**다. 하나님은 모든 것을 선하게 창조하셨기 때문에 우리는 하나님께 선한 어떤 일이 일어나도록 간청할 수 있다. 하나님은 선을 위해서 모든 것을 지으셨다. 하나님은 "혼돈하고 공허한" 상태에 질서를 부여해 창조하셨고, 모든 피조물에 계획과 목적과 기능을 부여하셨다. 하나님은 자신이 창조한 모든 것을 보고 **토브**라고 외치셨다. 그 메아리가 우주 깊은 곳까지 울려 퍼졌다. 그러므로 **토브**는 아름다움에 관한 것이며, 우리가 보고 듣는 것을 모두 만족시킨다.

가수이자 작곡가와 강연자인 레이철 배런틴(Rachel Barrentine)은 하나님이 **토브**하시다는 사실을 반복적으로 강조하는 아름다운 기도를 작성했다.[54]

사랑의 주님,

환경은 처참해 보이지만,

폭풍우가 몰아치지만,

주님은 여전히 좋으신 분입니다.

전쟁의 소리가 들리지만,

짙은 어둠이 다가오지만,

주님은 여전히 좋으신 분입니다.

내 소망이 점점 더 희미해져도

내 마음이 낙심되어도

주님은 여전히 좋으신 분입니다.

모든 어려움에도 불구하고,

모든 의문점에도 불구하고,

주님은 여전히 좋으신 분입니다.

나는 산꼭대기에서 주님의 선하심을 선포합니다.
나는 구덩이 속에서도 주님의 선하심을 선포합니다.
주님은 여전히 좋으신 분입니다.

마음이 무너질 때,
광야 길을 걸어야 할 때,
알지 못하는 곳에 있을 때,
이제 주님, 나를 기억해 주소서.
주님은 여전히 좋으신 분입니다.

예수님의 이름과 본질과 성품으로 기도합니다.
아멘.

성령 강림절 이후 기간에 드리는 세 가지 본기도는 우리의 간구에서 기초가 되는 것으로 하나님의 선하심을 언급한다. 연중 5주일에 우리는 이렇게 기도한다. "오 하나님, 하나님께로부터 모든 선한 것이 나옵니다." 그리고 연중 17주일에 우리는 "모든 권세와 능력의 주님"이라고 고백한다. 그분은 "모든 선한 것을 지으시고 베푸신다." 하나님의 선하심에 대한 『성공회 기도서』에서 내가 좋아하는 본기도는 연중 22주일에 드리는 기도다. "전능하시며 영원하신 하나님, 하나님은 언제나 우리가 기도하는 것보다 더 많이 들으시고, 우리가 원하거나 받을 자격이 있는 것보다 더 많이 베푸실 준비가 되어 있습니다." 그 기도는 하나님의 순전한 선하심에 대해서 언급한다. 하나님은 언제나 우리 이야기를 들으실 준비가 되어 있으며, 우리의 바람(혹은 받을 자격이 있는 것)보다 더 많이 베푸신다.

간구하면서 하나님의 선하심을 떠올리는 것은 훌륭한 태도다. 이런 유형으로 기도하면서, 우리는 하나님을 선하신 분으로 알고, 하나님의 선하심을 배우며, 하나님이 선을 행하시기를 기대하는 법을 배운 사람으로 빚어진다. 그래서 하나님께 간청할 용기를 지닌다. 왜냐하면 하나님이 선하신 분이라고 배웠기 때문이다.

그리스도 안에서 우리를 구속하신 하나님 떠올리기

하나님의 은혜의 본질적인 행위와 본질적인 선물은 바로 예수 그리스도다. 하나님은 우리를 구속하시기 위해서 그리스도를 보내셨다. 이 사실 또한 우리의 간구에 근거를 제공해 준다. 성령 강림절 이후 시기의 많은 연중 기도에서 교회는 하나님이 그리스도 안에서 구속하신다는 사실을 상기한다. 출애굽기 15장에 나오는 모세의 유명한 노래로 시작하고자 한다.

이때에 모세와 이스라엘 자손이 이 노래로 여호와께 노래하니 일렀으되,

"내가 여호와를 찬송하리니 그는 높고 영화로우심이요,
　말과 그 탄 자를 바다에 던지셨음이로다.
여호와는 나의 힘이요 노래시며
　나의 구원이시로다.
그는 나의 하나님이시니 내가 그를 찬송할 것이요,
　내 아버지의 하나님이시니 내가 그를 높이리로다.
여호와는 용사시니
　여호와는 그의 이름이시로다." (출 15:1-3)

성경의 맨 마지막 부분에서 우리는 또 다른 노래를 발견한다. 생물들과 스물네 장로들이 나오는 요한계시록 5장의 노래로, 하나님의 구원을 찬양하는 모세의 노래와 비슷하다.

그들이 새 노래를 불러 이르되,

"두루마리를 가지시고 그 인봉을 떼기에 합당하시도다.
　일찍이 죽임을 당하사
　각 족속과 방언과 백성과 나라 가운데에서
　　사람들을 피로 사서 하나님께 드리시고
　그들로 우리 하나님 앞에서 나라와 제사장들을 삼으셨으니
　　그들이 땅에서 왕 노릇 하리로다" 하더라. (계 5:9-10)

교회의 본기도에서 하나님 떠올리기 요소는 특히 구속에 관해 두드러진다. 성령 강림절 이후 시기의 중간, 아마도 8월 중순쯤에 우리는 하나님의 아들을 통한 하나님의 구속을 인정하면서 모두가 들을 수 있도록 큰소리로 서로 이렇게 화답한다. "하나님은 우리 죄에 대한 희생 제물로 하나님의 외아들을 주셨습니다." 교회력에서 이 시기에 그리스도는 모범으로서 강조되기 때문에 우리는 "경건한 삶의 모범"이신 하나님의 아들을 언급한다(연중 15주일).

모범으로서의 그리스도는 종종 라틴어로 이미타티오 크리스티(*imitatio Christi*), 즉 그리스도 본받기로도 불린다. 이 표현은 "나를 따르라"(눅 9:23)라고 하신 그리스도의 부르심에서뿐만 아니라 바울의 편지에서도 언급된다. 바울은 고린도 교인들에게 "내가 그리스도를 본받는 자가 된 것같이 너희는 나를 본받는 자가 되라"(고전 11:1)라고 가르쳤다. 마이클 고먼(Michael Gorman)의 최근 연구는 (예수님 자신이 가르치신 대로) "십자가 닮아 가기" 또는 "그리스도의 십자가에 부합되기"라는 용어를 사용해, 제자도의 비전에 초점을 맞추었다.[55] 그의 견해는 옳다. 나는 이것에 "그리스도 닮아 가기"(Christoformity)라는 이름을 붙일 수 있다고 제안했다.[56] 왜냐하면 그리스도 안에서의 구속은 우리를 위한 또한 우리 안에서 일어나는 하나님의 행위이기 때문이다. 그래서 우리는 아들의 형상을 닮아 갈 수 있다(롬 8:29). 그렇지만 그리스도를 닮아 가는 것은 허리띠를 졸라매고, 더욱더 힘을 내는 것이 아니라, 구속의 은혜로 비롯된다. 바비(C.

Frederick Barbee)와 잘(Paul F. M. Zahl)이 주장하듯, 이 기도(또다시 연중 15주일)는 "그리스도를 닮아 가는 삶을 구체적으로 실천하게 하는 근거로서 구속(the Atonement)을 언급한다."[57]

성령 강림절 시기가 끝나 가는 무렵에, 우리는 또다시 다음과 같이 그리스도 안에서 행하시는 하나님의 구속 진리를 고백한다. "하나님의 복되신 아드님이 마귀의 역사를 멸하려고 이 세상에 오셨습니다. 그리고 우리를 하나님의 자녀와 영원한 생명의 상속자로 삼으셨습니다"(연중 27주일). 또다시 구속은 십자가에서 악을 멸하기 위해 하나님이 주도하신 은혜로우며 효과적인 행위로 묘사된다는 점을 주목하라. 그리고 그 행위를 통해서 우리는 하나님의 가족이 되며, 이미 패배한 죽음을 이기는 생명을 받는다.

만약 본기도에서 우리가 하나님을 우리를 구속하기 위해서 자기 아들을 보내신 분으로 인정한다면, 우리는 또한 하나님에 대한 또 다른 진리, 곧 하나님의 섭리와 계획과 관련해서 하나님 떠올리기를 배운 셈이다. 우리는 하나님이 모든 피조물에 질서를 부여하신다고 말한다. "오 하나님, 절대로 실패하지 않는 주님의 섭리는 하늘과 땅에 있는 모든 것에 질서를 부여하셨습니다"(연중 4주일). 성령 강림절 이후의 시기에 우리는 우리 하나님이 구속하시는 하나님이며, 모든 사람에게 구속에 이르는 길을 제공하셨고, 이 구속을 이루신 그리스도를 닮아 가고 따르도록 우리를 부르신다는 진리를 공개적으로 입으로 고백하며 그 선언에 동참한다. 우리가 하나님과 관련해 하나님 떠올리기를 계속할 때, 하나님의 은혜와 성령님이 주시는 은사를 통해서 우리는 구속받은 백성으로 빚어지며, 그 구속을 모든 사람에게 제공해야 할 사명을 지닌다.

주님이신 그리스도로 하나님 떠올리기

교회력에서 성령 강림절 이후의 시기는 연중 34주일인 왕이신 그리스도 주일에 끝난다. 삼위일체 주일에 시작된 시기의 피날레로서 적절하다. 삼위일체 하나님의 진리는 하나님의 아들 안에서 가장 탁월하게 계시되었으며, 이 아들은 바로 세상의 진정한 통치자시다. 그래서 우리는 하나님을 "전능하시며 영원하신 하나님"으로 고백한다. 그리고 하나님에 대한 다음과 같은 진리를 인정한다. "하나님 아버지의 뜻은 만왕의 왕이요, 만주의 주이자 하나님의 사랑하시는 아들 안에서 만물을 회복하는 것입니다"(연중 29주일). 이 본기도가 우리의 마음에 더 깊이 파고들어 올수록, 우리는 더욱더 충실히 하나님의 백성으로 빚어질 것이다. 그 백성의 통치자는 미국 대통령이 아니라, 십자가 위에서 죽고 마귀를 멸하고 다시 살아나셔서, 하늘 보좌에서 통치하시는 분이다. 주님은 다시 오실 것이다. 바로 이것이 그분의 강림이 의미하는 모든 것이다.

그리고 나는 교회력에서 맨 마지막에 있는 이 본기도를 드릴 때마다 언제(when), 왜(why) 또한 지금이 아닌 이유(why not now)에 대해서 의문을 품는다. 하늘에서 통치하시는 주님은 언제 불의를 끝내실 것인가? 왜 우리의 통치자이신 주님은 우리가 하나님의 뜻이라고 알고 있는 점에 더욱더 부합되게 통치하시지 않는가? 주님이 지금 그렇게 하시지 않는 이유는 무엇인가? 이제 소개하는 월터 브루그만의 기도는 우리를 왕이신 그리스도 주일로 데려다준다. 이 기도는 시편의 기도들에서 강력하게 흘러나온다. 또한 하나님의 이름뿐만 아니라, 하나님과 관련해서 상기되는 하나님에 대한 진리들에 초점을 맞춘다.

> 우주의 왕이시여, 하나님은 복되신 분입니다!
> 우리는 하나님을 왕이며 주, 만물의 주인과 통치자라고 부릅니다.
> 그렇게 부르며 하나님의 통치를 신뢰하고
> 우리의 깊은 근심을 덥니다.
> 하지만 지금…우리는 직접 주목할 필요가 있는
> 오늘의 이슈들에
> 하나님이 상당히 무관심하신 것처럼 느낍니다.
> 우리는 하나님을 왕이라고 부르며 날마다 하나님의 나라가 곧 임하기를 기도합니다.
> 하지만 여전히…폭력과 강압적인 요구에
> 하나님은 너무나 천천히 다가가시는 것을 봅니다.
> 우리는 하나님을 왕이라고 부르며 영광과 능력의 메시아가

곧 또다시 오신다고 큰소리로 선포합니다.

하지만… 날마다 행해지는 잔인한 폭력에

우리의 낙심은 커져 갑니다.

우리는 하나님을 왕이라고 부르며 간절히 기다립니다

하나님이 우리의 아픔에 아파하시고 자비와 연민을 보여 주시기를.

그러면 세상은 '새로워지고' 우리의 일상생활은 치유될 것입니다.

우리는 당신의 이름을 부르며… 조바심을 품고 기다립니다.

우주의 왕이시여, 하나님은 복되신 분입니다![58]

사무엘상 8장의 봉독에 뒤따르는 기도/1999년 3월 4일

교회의 기도 전승은 성경에서 시작되어 모든 교회 안으로 스며들어 가서 교회가 기도하는 방식이 된다. 간구 기도의 유형에서 가장 일관된 요소들 가운데 하나는 하나님에 관한 진리와 연관해서 하나님을 떠올리는 것이다. 그래서 우리의 간구를 하나님이 일하시는 방법과 하나님의 성품 안에서 기초로 삼는다. 이제까지는 핵심 요소들(하나님께 간구하기, 하나님 떠올리기)에 초점을 맞추었다. 이제 우리는 간구 유형에서 세 번째 요소(하나님 기대하기)에 관심을 기울여 살펴보자.

8장
하나님 기대하기

성경의 간구 기도 유형을 교회 안에서 수용하면서 다섯 요소가 발전했다. 간청의 본보기가 되는 그 요소들은 하나님께 간청하는 법을 배우는 데 필요한 성경과 교회의 지혜를 제공해 준다. 여기서 제기해야 할 질문은 다음과 같다. 우리는 무엇을 원하는가? 하나님이 이와 같은 기도에 응답하기를 기뻐하시는 이유는 하나님의 어떤 점 때문인가? 이제 만약 하나님이 우리의 간청에 응답하신다면, 우리는 무슨 일이 일어나기를 기대하는지 살펴보고자 한다. 우리가 기대하는 바는 간구할 때마다 다르다. 어떤 희망, 약속이나 우리를 변화시켜 주기를 기대할 수도 있다. 그러나 **'기대하다'**를 뜻하는 이 단어는 이 모든 것(과 그 이상)을 한 묶음으로 단단히 묶는다. 기도서에서 이 요소에 관해 사용하는 고전적인 용어는 '열망'(Aspiration)이다.

이제 한 가지 특이한 점을 지적해 보자. 대부분의 기록된 기도들은 성경의 기도들과 교회의 전통적인 기도들에 기초한 하나님 기대하기 요소를 사용하는 방법을 익혔다. 그러나 말로 드리는 기도에서는 이 요소가 사용되는 경우를 나는 거의 들어보지 못했다. 그래서 이 장에서 우리에게 가르침을 주는 공급원은 본기도(the Collects)다. 하지만 여기서는 예수님의 기도에 주목해 보라.

돌을 옮겨 놓으니 예수께서 눈을 들어 우러러보시고 이르시되, "아버지여 내 말을 들으신 것을 감사하나이다. 항상 내 말을 들으시는 줄을 내가 알았나이다. 그러나 이 말씀 하옵는 것은 둘러선 무리를 위함이니 **곧 아버지께서 나를 보내신 것을 그들로 믿게 하려 함이니이다**." (요 11:41-42)

웰스와 코허의 저서는 이런 방식으로 하나님 기대하기 요소를 사용해 기도하는 법을 배우도록 도와준다. 다양한 기대들은 "기도하는 사람이 상상하는 결과를 묘사하는 것으로부터 진행된다. 종종 기도하는 사람 자신과 신앙 공동체의 변화와 관련해 그런 기대를 언급한다."[59] 하나님 기대하기는 그들에게 "결과"로 나타난다. 기도하는 사람이 말하는 이런 기대들이나 결과들은 구체적일 필요가 있다. 기도 응답에 관해 찬양할 여지(餘地)를 가지고 기대를 표현할 필요가 있다. 기대가 때때로 지나치게 낙관적일 수 있으므로 간구 목표에 틀을 설정할 때 다음 세 가지 조건을 지적한다.

이 세 조건을 염두에 두고 있다면, 간구에서 개인적이고 경건이 절정에 이르는 부분은 종종 감동적이고 마음을 움직이며 힘을 주는 데다 다양한 이점이 있다. 첫째, 기도에서 절정은 불변의 조건이 아니고, 오히려 기도를 마무리하는 다양한 방법 가운데 하나다. 둘째, 이 부분은 짧게, 원래의 주된 관심사에서 멀어지지 않도록 지나치게 많은 관심을 기울이지 않는다. 간구에서 언급된 주된 사람들과 장소들에 관심을 기울여야 한다. 그리고 전반적으로 명령형 동사들을 사용해야 한다. 셋째, 개인을 하나님 나라에 적합한 사람으로 만들기보다 오히려 교회를 훌륭한 특성을 띤 증인 공동체로 만드는 데 관심의 초점을 맞추어야 한다.[60]

우리가 진정으로 원하는 바를 하나님께 간청하는 방법을 배우면서, 간청하고 싶어 하는 그 점을 **왜** 원하는지 생각해 보아야 한다. 그럼으로써 하나님께 간청하기와 하나님 기대하기 요소들을 강화할 수 있다. 이런 과정은 **우리가 단순히 원하는 바를 그저 간청하는 데서부터 점점 하나님의 목적에 부합하는 어떤 목표를 간구하게 한다.**

이제 우리는 하나님 기대하기 요소에 대답하기 위해서 다섯 개의 주제에 주목하고자 한다. 이 다섯 개의 주제는 다음 두 가지 방법으로 숙고해 볼 수 있다. 첫째, 우리가 하나님께로부터 왜 무엇인가를 원하는지 우리 내면을 깊이 살펴볼 수 있다. 둘째, 우리의 목표들이 교회가 가르치는 지혜와 조화를 이루는 방법을 배울 수 있다. 교회가 가르치는 지혜는 우리의 간구에서 하나님 기대하기(또는 열망하기) 방식을 형성해 왔기 때문이다. 가장 이른 시기부터 교회의 전통은 주님의 성찬을 강조하는 예배 의식의 특성을 보여 왔다. 성찬 예식은 하나님의 백성이 함께 모였다는 사실을 나타내 주는 최정점이었다. 그래서 간구 기도가 목표하는 첫 번째 주제가 죄 사함이라는 사실은 그리 놀랍지 않다.

죄 사함

하나님께 나아가거나 성찬 예식에 참여할 때, 만약 당신이 죄를 지었다면, ㅡ"당신이 죄를 지었기 때문에"가 더 정확한 표현이다ㅡ자기 죄를 자백하며 용서를 구하는 것은 일종의 공통된 경험이다. 십 대 시절, 한 친구에게 혹시 하나님께 자기를 용서해 달라고 간구한 경험이 있는지 물은 적이 있었다. 그는 그 당시 매우 의외의 답변을 했다. 그는 "일요일마다 그 기도를 드린다"라고 말했다. 나는 구원받은 침례교 신자였기에 죄 사함의 기도를 오직 한 번만 드렸다. 그래서 매주 죄에 대한 용서를 구한다는 개념은 그 당시 매우 거슬리는 생각이었다. 나중에서야 비로소 요한1서 1:9의 내용에 기초해서 정기적으로 죄 사함을 받을 필요가 있다는 사실을 많은 교회에서 거행하는 성찬 예식과 연결할 수 있었다. 그때에야 비로소 나는 하나님의 은혜로 받은 죄 사함에 부합하는 방식으로 살아가는 법을 익히는 것이 그리스도 안에서 구속받은 사실을 기억하고 되새기는 삶이라는 사실을 이해할 수 있었다.

재의수요일에 우리는 하나님을 "전능하시며 영원하신 하나님"이라고 부른다. 그리고 하나님을 이렇게 떠올린다. "주님은 주님이 지으신 것 가운데 그 무엇도 미워하시지 않습니다. 또한 주님은 죄를 뉘우치는 모든 사람의 죄를 용서해 주십니다." 이 기도는 우리가 하나님께 이렇게 단순하게 간구하도록 이끈다. "우리 안에서 새롭고 참회하는 마음을 빚어 주소서." 이 모든 것이 우리를 하나님 기대하기 요소로 이끌어 준다. "그래서 우리가 우리의 죄를 애통해하며 우리의 비참한 상태를 인정하고 모든 자비의 하나님이신 주님께 **완전한 용서와 죄 사함을 받게 하소서**." 다시 말하지만, 이것은 우리가 용서받았음을 믿지 않는다는 뜻이거나 하나님이 죄 사함을 거두어 가신다는 뜻이 아니다. 오히려 성찬 예식에 참여할 때, 우리가 용서받았음을 다시 기억하며, 이미 용서받았다는, 복음이 주는 이 위대한 유익에 다시 동참하고, 그 기억을 구체화하는 것이다.

죄 사함과 관련된 주제는 교회의 기도 전통에서 가장 광범위하고 가장 두드러지게 나타나는 주제나. 이 짐은 동방 정교회의 기도 전승에서 특별히 강조된다는 사실을 재빨리 덧붙여야겠다. 이 주제는 우리가 죄 사함에 대해서 분명하게 이해하고 나서 기도드리도록 이끌어 줄 것이다.

영원한 생명

나는 복음주의적이며 근본주의 신앙을 가진 가정과 교회 안에서 성장했다. 그래서 영원한 생명에 대한 간구 기도가 규칙적으로 나타난다는 사실이 놀라웠다. 교회에서 영원한 생명을 소망하는 기도를 맨 처음 들었을 때, 나는 "이건 이미 해결된 거 아니야?"라고 질문했다. 그러나 하나님 기대하기 요소가 들어간 간구 가운데 영원한 생명의 주제는 우리가 기대하는 결과 가운데 하나로, 교회의 모든 교파의 기도 전통에서 나타난다. 정규 예배의 본기도에서 하나님 기대하기 주제들을 추가한다면,[61] 영원한 생명이나 그와 비슷한 용어가 얼마나 자주 표현되는지 듣고 깜짝 놀랄 것이다. 이것은 하나님의 백성이 하나님의 일에 대해서 확신하지 못한다는 뜻이 아니다. 오히려 간구들 안에서 하나님 기대하기 요소는 우리의 심오하고 궁극적인 소망을 표현한다.

나는 고대 켈트 교회의 기도에 대해서 언급하며, 설명을 시작하고자 한다. 고대 켈트 교회의 기도 전승은 잠자리에 들기 전에 하루를 마무리하는 기도나 밤중 기도를 애용했다. 그 당시에 어둠은 죽음, 죽음에 대한 두려움, 악한 영들, 유혹 등과 연결되었다. 그래서 잠자리에 들기 전에 드리는 기도들이 다양하게 발전했다. 그 가운데 주전 8세기에 살았던 파르네(Farne) 출신의 은둔자 펠길드(Felgild)가 드린 하루의 맨 마지막 기도가 포함되어 있다.

이 밤에 하나님과 함께 잠자리에 듭니다.
하나님도 나와 함께 누우실 것입니다.
이 밤에 그리스도와 함께 잠자리에 듭니다.
그리스도도 나와 함께 누우실 것입니다.
이 밤에 성령님과 함께 잠자리에 듭니다.
성령님도 나와 함께 누우실 것입니다.
하나님 아버지와 그리스도와 성령님이
나와 함께 누우실 것입니다.[62]

다음 기도는 주후 7세기의 수도사였던 보이실(Boisil)이 하루의 맨 마지막에 드린 기도를 보완한 것이다.

오 하나님, 이 밤에 내 영혼과 몸을
하나님의 안전한 보호에 맡깁니다.
오 예수 그리스도여, 주님의 안전한 보호에 맡깁니다.
오 완전한 진리의 영이시여, 성령님의 안전한 보호에 맡깁니다.
삼위일체 하나님은 이 밤에 나를 해악으로부터 보호하시고,

나의 정당함을 변호하실 것입니다.⁶³

성경의 몇몇 기도들뿐만 아니라 교회의 본기도 전승에서 하나님 기대하기 요소는 거의 언제나 "…해 주시기를"의 표현으로 시작된다. 그래서 정결을 위한 본기도는 또다시 이런 가르침을 준다.

> 전능하신 하나님,
> 당신께 온 마음을 활짝 엽니다.
> 모든 소원을 알고 계신
> 당신께는 어떤 비밀도 숨길 수 없습니다.
> **성령의 감동하심으로**
> **우리 마음속에 있는 더러운 생각들을 깨끗하게 하소서.**
> **그리하여 우리가 당신을 온전히 사랑하며**
> **당신의 거룩한 이름에 합당한 영광을 돌리게 하여 주소서.**
> 우리의 주님 그리스도의 이름으로 기도합니다.
> 아멘.

교회력은 죄악의 어두운 행실을 버리고 "빛의 갑옷"을 입게 하는 하나님의 은혜에 기초한 소망과 더불어 대림절의 첫 번째 일요일을 맞아 다음과 같은 기대를 표현한다. "마지막 날에 성자께서 산 자들과 죽은 자들을 심판하러 큰 위엄과 영광 가운데 다시 오실 때, 우리도 영원한 생명으로 부활하게 하소서." 이 본기도를 드리는 사람은 거룩함을 열망한다. 왜냐하면 거룩한 사람이 "영원한 생명으로 부활할" 것이기 때문이다. 여기서 우리의 죄를 사하는 것과 거룩한 삶을 사는 것은 강조점이 아니다. 오히려 영원한 생명에 이르는 것에 대한 기대를 강조한다는 사실이 중요하다. 그러므로 거룩해지고자 하는 우리의 훈련은 목표가 아니라 오히려 훨씬 더 위대한 영원한 생명을 예비하는 삶의 방식이다. 몇 가지 사례를 더 언급하고자 한다.

부활절 간구 자체는 "날마다 죄에 대해서 죽게 하소서"라고 하나님의 은혜를 구한다. 또한 "우리가 주님의 부활의 기쁨을 누리며 주님과 함께 영원히 살게 *하여 주소서*"라는 더 궁극적인 목표로 확대된다. 죽음이 없으면, 부활도 없다. 그러므로 죽음은 종말이 아니라 새 생명에 이르는 수단이다.

부활절 이후 여섯 번째 일요일의 본기도에서 하나님께 간청하기 요소는 "우리의 마음에 하나님을 향한 넘치는 사랑을 부어 주소서"다. 하나님의 응답을 기대하는 요소는 "우리가 모든 것에서 그리고 다른 무엇보다 하나님을 사랑하고, 우리가 바라는 모든 것을 뛰어넘는 하나님의 약속을 얻게 *하여 주소서*"라는 간구다. 천국에 대해서 묘사하는 이 기대하기 요소의 언어는 우리가 지금 부분적으로 알 수 있는 것에 대해서도 묘사한다.

성령 강림절 이후 시기에 하나님이 우리를 궁극적으로 받아 주시기를 다음과 같이 간구한다. "우리가 하나님이 받아들이실 만한 거룩한 성전이 되게 *하여 주소서*"(연중 8주일). 로마서 8:29에서 이미 언급된 사실에 기초한 간구로, 그리스도를 닮아 가는 마지막 목적이 연중 27주일의 본기도에서 다음과 같이 하나님 기대하기 요소가 된다. "주님이 권능과 영광으로 다시 오실 때, 주님의 영원하고 영광스러운 나라에서 우리가 주님과 같이 되게 *하여 주소서*."

세계 복음화

교회의 간구는 종종 세계 복음화로 통하는 응답을 기대한다. 그리고 이것은 때때로 성찬 예식과도 연결된다. 만약 빵과 포도주를 통해서 우리가 하나님의 은혜로운 구원을 맛본다면, 그분의 은혜에 대한 다른 표징들도 구원이 필요한 사람들을 생각하도록 촉구할 것이다. 주현절 이후 두 번째 일요일에 하나님께 간청하기 요소는 다음과 같다. "주님의 말씀과 성찬의 빛으로, 그리스도의 영광스러운 빛을 비추게 하소서." 그래서 (이제 하나님 기대하기 요소다) "땅끝까지 사람들이 그리스도를 알고 그분께 경배하며 순종하게 *하여 주소서*." 주현절 이후 세 번째 일요일은 "우리와 온 세상이 주님이 행하신 놀라운 일들의 영광을 깨닫게 *하여 주소서*"라고 기도한다. 성령 강림절 이후 시기에 우리는 복음 선포에 대해서 매우 비슷한 내용을 듣는다. "주님의 은혜로 주님의 진리를 담대히 선포하고 불쌍히 여기는 마음으로 주님의 공의를 실행하게 **하여 주소서**"(연중 6주일). 그러나 성령 강림절에 우리는 이 주제를 가장 분명하게 듣는다. 여기서는 성령 강림절의 본기도 전체를 각각의 요소대로 배치했다.

<u>전능하신 하나님,</u>
<u>성령 강림절에 주님이 약속하신 성령을 보내 주셔서</u>
모든 민족과 나라에
영원한 생명에 이르는 길을 여셨습니다.
복음을 선포함으로써
이 은사를 전 세계에 부어 주소서.
그리하여 이 은사가 땅끝까지 이르게 하여 주소서.
아버지 하나님은
성령과 함께 연합하여
한 분 하나님이신 우리 주 예수 그리스도를 통해
영원히
사시며 다스리십니다.
아멘.

이 간구는 주와 구세주이신 예수님에 관한 복음 선포가 온 세상에 이르게 해 달라고 희망하는 기도다.

목회적인 관점: 간구 기도의 유형에서 하나님 기대하기 요소는

복음이 전 세계에 전파되는 열망을 갖도록 우리를 변화시키는 능력이 있다. 안타깝게도 복음 전파와 관련된 말을 할 때, 어떤 사람들은 공허한 열망에 지나지 않는 감정을 토로한다. 어떤 이들은 복음 전파가 식민주의라고 생각한다. 다른 이들은 교만이라고 생각하고, 또 다른 이들은 이 말이 다른 사람들—예를 들면, 신앙 부흥 운동에 빠진 열렬한 복음주의자들—에게 해당한다고 생각한다. 이와 같은 본기도를 드리는 어떤 이들은 종종 복음 전파에 대해서 알지 못한다는 것이 현실이다. 그러므로 이와 같은 본기도를 드리는 것만으로는 복음 전파에 관심을 갖고 행동하게 만들지 못한다는 사실을 반드시 언급해야 한다. 나는 우리 교구의 토드 헌터(Todd Hunter) 주교에게 진심으로 감사한다.[64] 그는 진정으로 열심을 품고 복음을 전파하며 헌신적으로 일한다. 또한 교회를 세워 나가고 양육하는 데 수고를 아끼지 않는다. 그런 식으로 그분은 본기도의 간구에서 언급되는 하나님 기대하기 요소를 구체화한다.

그리스도 닮아 가기

부모, 교회, 목회자들은 간구에서 가정, 교회와 개인이 각자의 삶에서 그리스도를 닮아 가도록 양육하기를 기대한다. 이것을 조금 더 자세하게 묘사해 보자. 그리스도를 닮는다는 뜻은 그리스도처럼 되는 것이다. 그리스도가 살았던 것처럼 살고, 그리스도와 함께 죽고,

그리스도와 함께 부활하고, 또한 그리스도와 함께 통치하는 것이다. 만약 이러한 요소들이 그리스도의 삶 가운데 들어 있다면, 우리의 삶에서도 그와 같은 요소들이 들어 있다. 더욱이 그리스도를 닮는다는 것은 그분의 삶, 죽음 및 부활로 세례를 받는다는 뜻이다. 그래서 우리도 예수님과 같은 삶으로 들어가는 것이다. 그것은 우리를 그리스도와 같은 삶으로 빚어내시는 성령님의 내주하심을 통해서 그리스도 안에 참여한다는 뜻이다.

우리는 종종 이것을 성찬과 연결해서 기도한다. 사순절 기간의 네 번째 일요일에 우리는 "우리에게 언제나 이 빵을 주시옵소서"라고 간구한다. 그 간구에 하나님이 응답하시기를 기대하면서 "그리하여 그리스도께서 우리 안에 사시며, 또한 우리가 그분 안에 살게 **하여 주소서**"라고 기도한다. 그러므로 성찬의 빵을 먹는다는 것은 그리스도와 친교한다는 뜻이며, 그분이 행하신 일에 동참한다는 뜻이다. 우리는 종려 주일에 이렇게 하나님의 은혜를 간구한다. "우리가 그리스도께서 걸으신 고난의 길을 걷게 하시고 그분의 부활에 동참하게 **하여 주소서**." 그리고 고난 주간의 화요일에는 이렇게 기도한다. "우리가 하나님의 아들 우리 주 예수 그리스도를 위해서 기꺼이 수치와 손해를 받아들이게 **하여 주소서**." 그리고 부활절 이후 다섯 번째 일요일에는 이렇게 간구한다. "하나님의 아들이신 예수 그리스도는 길이요 진리요 생명이시나이다. 우리가 그와 같은 사실을 온전히 깨닫게 **하여 주소서**." 그리고 이 간구는 이 소망으로 이어진다. "그리하여 영원한 생명으로 인도하시는 그리스도의 발자취를 변함없이 따르게 *하여 주소서*."

지금 신실하게 살기

(우리의 기도 응답과 관련해서) 하나님 기대하기에서 가장 중대한 주제는 바로 지금 여기서 그리스도인으로서 신실하게 살아가는 삶으로, 종종 기독교 역사에서 하나님을 기쁘시게 하는 삶으로 표현되었다. 그래서 주현절 이후 여섯 번째 일요일에 드리는 간구는 이와 같은 목표를 지닌다. "하나님의 계명들을 지킴으로써 우리의 의지와 행위로 하나님을 기쁘시게 *하여 주소서*." 이와 더불어 우리는 하나님이 우리를 두려움과 염려로부터 보호해 주시기를 간청한다. "죽을 수밖에 없는 이 삶의 어떤 구름도 영원한 사랑의 빛을 가리지 않게 *하여 주소서*. 하나님의 아들 우리 주 예수 그리스도를 통해서 하나님은 그 사랑을 우리에게 나타내 주셨습니다"(주현절 이후 여덟 번째 주간). 다음과 같은 간구 내용의 목표는 암기할 필요가 있다. "빠르고 다양하게 변하는 이 세상에서 우리의 마음을 참된 기쁨이 있는 곳에 굳건하게 두게 *하여 주소서*"(사순절 이후 다섯 번째 일요일).

"우리에게 성령님의 은혜를 허락하소서"와 같은 교회의 전통적인 기도는 오순절 이후의 시기에 기도하도록 가르치며, 그 간구의 목표는 다음과 같다. "그리하여 우리가 전심으로 하나님께 헌신하게 하시고, 순결한 사랑으로 서로 하나되게 **하여 주소서**"(연중 9주일). 몇 주간이 지나면, 기도의 목표는 다음과 같이 이전 목표를 더욱 강화한다. "하나님의 은혜가 언제나 우리보다 앞서가고, 우리를 따르기를 원합니다. 우리가 선한 일에 계속 헌신하게 **하여 주소서**"(연중 23주일). 또다시 이것은 단지 개인으로서뿐만 아니라 그리스도의 몸인 우리가 드려야 할 기도다. 연중 24주일의 기도에서 우리는 이렇게 간구한다. "전 세계에 있는 주님의 교회가 굳건한 믿음으로 인내하며 주님의 이름을 고백하게 하소서."

맺음말

나는 성경을 가르치는 대학교수다. 성령 강림절 이후 시기의 맨 마지막에 내가 가장 좋아하는 본기도 가운데 하나로 기도드린다.

> 복되신 주님, 주님은 우리가 배우도록 모든 성경을 기록하게 하셨습니다. 우리가 성경을 듣고 읽으며 주의를 기울이고 배우게 하시고, 성경의 깊은 의미를 숙고하게 하소서. 그리하여 우리가 영원한 생명에 대한 복된 소망을 품고 언제나 굳게 붙들게 하여 주소서. 우리 구주 예수 그리스도를 통해서 하나님은 그 생명을 우리에게 주셨나이다. 아버지와 성령과 함께 한 분 하나님이시며 영원히 사시며 다스리시는 예수 그리스도의 이름으로 기도합니다. 아멘(연중 28주일).

성경을 읽고 배우는 과정은 알고 성장하고 배우고 가르치는 것을 넘어서 하나의 목적을 지닌다. 바로 "하나님이 우리 구주 예수 그리스도를 통해서 주신 영원한 생명에 대한 복된 소망을 품고 언제나 굳게 붙드는" 것이다.

우리는 이제 성경에 기초해 형성되고 교회의 전통에 기초한 간구 기도의 유형이 지닌 핵심 내용을 설명했다. 바로 하나님께 간청하기, 하나님 떠올리기, (간구에 응답해 주시는) 하나님 기대하기다. 이제 하나님께 말 걸기 요소를 살펴볼 필요가 있다. 그러고 나서 하나님께 나아가기에 대해서 연구하려 한다.

9장
하나님께 말 걸기

우리가 하나님께 말을 걸면서 사용하는 용어들은 성경에서 형성되었다. 1장에서 살펴보았듯이, 구약성경에 수록된 기도들은 기본적으로 기도할 때, 하나님(God), 주(Lord), 주 하나님(Lord God), 주 또는 야웨(=Yahweh, YHWH)라고 부른다. 2장에서 언급했듯이, 이 이름들은 예수님과 더불어 신약성경과 교회에서 '아버지'와 '우리 아버지'와 '하늘에 계신 우리 아버지'로 바뀐다. 예수님은 제자들에게 '아버지'(Father)라는 호칭을 주셨다. 그 이후로 제자들은 하나님을 '아버지'라고 부르면서 기도드린다. 오늘날 어떤 이들은 기도할 때 신학적 기교를 부려 '성부, 성자, 성령'이라고 부르면서 기도를 시작한다. 그것도 신약 신학에 기초한 명백한 기독교직 표현이다.

   미국의 가장 영향력 있는 구약 신학자들 가운데 한 사람인 월터 브루그만은 수업을 시작할 때마다, 기도를 드렸다. 그 기도들이 너무 훌륭해서, 그의 제자들이 그 기도들을 기록하기 시작했다. 그 기도들 가운데 일부가 결국 『예언자의 기도』(Awed to Heaven, Rooted in Earth, 비아)라는 제목으로 출간되었다. 그의 기도들에서는 그 무엇보다 하나님 떠올리기 요소가 두드러지게 나타난다. 브루그만은 기도와 간구를 하나님 떠올리기 요소로 시작한다. 여기서 나는 그의 기도 가운데서 하나를 소개하고자 한다. 그 기도에서 하나님이 어떤 분이시고 과거에 어떤 일을 행하셨는지를 드러내는 하나님 떠올리기 요소를 브루그만이 강조하고 있음을 간파할 수 있다.[65]

하나님은 우리 주 예수 그리스도를
죽은 자들 가운데서 다시 살리셨습니다.
하나님은 명령으로
만물이 존재하게 하셨습니다.
하나님은 그 신실하심으로
애가 끓던 우리의 어머니 한나에게 아들을 주셨습니다.
하나님은 언제나 또다시 새롭게 시작하게 하는
의지와 권능을 지니신 분입니다.
하나님은 유일하게 스스로 시작하시는 분입니다.
그것이 우리가 아는 그분의 이름입니다.
그래서 우리는 또다시 시작하시기를 간청합니다.

바로 여기서, 지금, 시작하소서.

우리와 함께, 우리의 신학부와 함께 시작하소서.

하나님의 자비로,

하나님의 공의로,

하나님의 자비로,

하나님의 평안으로 시작하소서.

이 세상을 또다시 새롭게 하소서.

또다시 활기차고 또다시 순결하게 하소서….

너무 늦기 전에…시작하소서. 아멘.

사무엘상 1장에 근거해서/1999년 2월 4일

기도는 '신학'(theo-logy)을 필요로 한다. 우리가 기도하기에 앞서 하나님이 누구시며 어떤 일을 하셨는지 숙고해 보는 편이 지혜롭다. 적어도 우리 자신의 본기도를 작성하고자 할 때는 말이다. 하나님 떠올리기 요소는 우리가 간구할 때 하나님께 어떤 칭호를 사용하며 말을 거는지 결정한다.

매우 독실한 신앙인이자 탁월한 신약학자 머리 해리스(Murray Harris) 교수는 신학교에서 내 은사 가운데 한 분이다. 그분의 뉴질랜드 억양은 매우 매력적이었다. 그러나 그가 수업을 시작하기에 앞서 드리는 기도에서 드러나는 깊은 신앙심은 그 억양의 매력을 훨씬 더 능가했다. 머리 교수는 성공회 소속은 아니었다. 하지만 성경과 교회의 기도 전통과 비교할 때, 그는 거의 완벽하게 기도하는 원리와 방법을 터득했다. 기도를 시작할 때면 언제나 한참 침묵함으로써 우리 모두를 침묵으로 이끌고 하나님 앞에서 경외감을 갖게 한다. 그리고 나서 하나님을 "아버지" 또는 "우리 아버지"와 같은 호칭으로 부르면서, 하나님께 말을 걸기 시작한다. 그리고 하나님을 "당신"이나 "어떠하신 분"으로 표현하고 "당신 안에서"와 같은 하나님의 호칭을 사용해 그분을 정의한 뒤, 간구로 연결해 이끈다. 그래서 우리가 하나님의 말씀을 연구할 때, 하나님이 이끌고 양육하며 강건하게 하셔서, 우리의 마음을 깨우치시도록 간구한다. 종종 그는 한 가지 이상을 간구하기도 한다. 그리고 우리가 성령님 안에서 오직 그리스도를 통해서 하나님께 나아갈 수 있다는 말로 기도를 마친다. 예를 들면, "우리 주 예수 그리스도를 통해서 기도드립니다. 아멘"과 같은 표현을 사용한다. 이와 같은 기도 유형의 성경적 지혜를 깨닫기 위해서 반드시 성공회 신자이거나 기도서들을 탐독할 필요는 없다.

그 유형의 두 번째(하나님 떠올리기), 세 번째(하나님께 간구하기)와 네 번째 요소(하나님의 응답 기대하기)는 우리가 하나님을 누구라고 부르는지에 관한 문제를 불러일으킨다. 기도할 때, 당신은 하나님을 누구라고 부르는가? 하나님의 이름을 부르는 것은 하나님이 어떤 분이신지를 설명해 줄 뿐만 아니라, 하나님과 우리의 관계를 분명하게 해 준다. 기도할 때, 하나님을 어떤 용어들로 설명할지 (더욱

더) 진지하게 생각해 볼 필요가 있다. 혹자는 우리가 하나님의 이름에 사용하는 표현이 기도 전체를 표현해 준다고 주장한다. 또는 그 개념을 다른 말로 이렇게 표현할 수도 있다. "예배드릴 때 하나님의 이름을 표현하는 방식은 예배자들이 하나님의 이름을 어떻게 부를지 채택하고, 그 방식을 유지하는 것에 관한 확신을 분명히 보여 준다."[66] 우리 자신의 본기도를 작성하거나 기도하는 법을 배울 때, 만약 (앞장에서 제안한 것처럼) 하나님께 간청하기 단계에서 시작한다면 그다음에 우리는 하나님 기대하기 과정에 시선을 둔 채 하나님을 떠올린다.…만약 그 과정을 거꾸로 한다면, 우리가 하나님께 말을 걸려고 사용하는 이름은 기도 전체와도 어울린다.

물론 우리는 기도할 때 종종 묵상하기도 한다. 우리는 "아버지"라고 부르면서 기도를 시작할 수 있다. 그다음 하나님에 관해서 생각하며, 하나님께 간청할 수 있다. 그러면서 하나님에 관해서 더 많은 사항을 생각할 수 있다. 그리고 또다시 하나님께 말을 건다. 그다음 하나님께 간청한다.…그러면 기도와 관련한 그림이 그려질 것이다. 그렇다. 이와 같은 과정은 우리가 기도할 때 흔히 일어난다. 그러나 이 책의 앞부분에서 우리는 성경과 교회의 본기도 전통 안에서 간구 유형에 대한 필수 요소들에 초점을 맞추었다. 자 이제, 그 전통 안에서 하나님께 말 걸기를 살펴보자.

본기도와 하나님의 이름 부르기

나는 지금까지 이 주제를 미루어 왔다. 그러나 기도와 관련해서 삼위일체 하나님을 믿기 때문에 이것도 믿는다. 간구 기도뿐만 아니라, 모든 기도 형태에서 우리는 성령 안에서 아들을 통해서 아버지 하나님께 나아간다. 우리가 하는 모든 간구는 사실상 아들께서 우리를 위해 드리시는 중보 기도다. 그러므로 우리는 성령 안에서 아들을 통해 하나님 아버지께 기도드린다. 우리가 원하는 모든 것과 우리가 거기 있는 이유도 아시는 아버지와 아들이 서로 친교를 나누듯이, 성령은 우리를 아버지와 아들과의 친교로 이끄신다.[67]

이것은 매우 민감한 주제가 될 수 있다. 왜냐하면 기도할 때, 사실상 아무도 다른 사람에게 하나님을 누구라고 부르는지 말하기를 원하지 않기 때문이다. 항상 "아버지"라고 불러야 하는가? 아니면 하나님을 다양한 이름으로 불러야 하는가? "주 예수님"이나 "예수님"께 기도드려야 하는가?

재닛 몰리의 널리 알려진 기도서 『하나님은 모든 소원을 아신다』(*All Desires Known*)라는 책을 훑어보면, 우리는 기도할 때 하나님을 다음과 같이 부른다. 곧 우리의 스승이신 그리스도, 우리의 어머니이신 하나님, 우리의 연인이신 하나님, 거룩하신 하나님, 그리스도 예수, 진리의 성령, 자기를 감추신 하나님 등 다양한 표현이 나타난다.[68] 그렇다면 우리는 기도할 때 하나님을 어떻게 불러야 하는가? 하나님을 부르는 성경적 호칭이나 가장 성경적인 호칭이 있는가? 아니면 우리 자신이 선호하는 대로 하나님을 불러도 되는가? 앞으로 이 설명을 이어 가면서, 그 질문들에 답하고자 한다. 그러나 구약성경의 기도들은 하나님, 주 하나님과 주님(야웨)이라는 이름을 선호하는 경향이 있다는 사실을 이미 살펴보았다. 신약성경의 기도들은 그 호칭을 아버지로 바꾼다. 그렇지만 본기도의 전통이 어떻게 간구에서 하나님께 말 걸기 요소를 확정했는지 살펴보도록 하자.

하나님을 어떤 이름이나 호칭으로 사용하든지 그 이름은 거의 언제나 아버지께 드려진다. 우리는 『성공회 기도서』의 본기도에서 그 호칭들을 발견한다.[69] 여기서 전체 교회가 공통적으로 작성된 기도를 사용했다는 사실을 알 수 있다. 기도문에서 하나님에 대한 호칭은 이런 식으로 구분된다.

전능하신 분, 전능하신 하나님(16번), 전능하시고 영원하신 분 또는 영원히 거하시는 하나님(10번), 전능하시며 자비로우신 하나님(2번), 전능하신 아버지(1번).

하나님, 하나님 안에서(23번), 자비로우신 하나님(2번).

주님, 주님 안에서(4번), 주 하나님(1번), 모든 권세와 능력의 주님(1번)

아 버 지, 하늘에 계신 아버지 또는 하늘 아버지(2번), 영원하신 아버지(1번), 사랑이 넘치시는 아버지(1번), 은혜로우신 아버지(1번), 전능하신 아버지(1번).

이 호칭들 전체는 매우 성경적이다. 성경에서 하나님께 말할 때, 이 호칭들이 사용된다. 이 용어들로 하나님께 말한다면, 우리는 하나님과 우리의 관계를 고백하는 것이다. 하나님을 전능하신 분이라고 부른다면, 하나님이 모든 능력을 가지신 분으로 선언하는 셈이다. 하나님을 하나님 또는 주(야웨)라고 부른다면, 우리는 우리의 하나님이 피조 세계 전체를 창조하고 다스리시는 유일한 하나님이라고 공적으로 말하는 셈이다. 우리가 하나님을 아버지라고 부른다면, 우리는 하나님과 우리가 서로 가족이라는 사실을 시인하는 셈이다. 하나님은 "나의" 아버지가 아니라, "하늘에 계신" 우리 아버지며, 그 하나님은 하늘과 땅을 다스리시는 아버지시다.

성경을 읽는 이들이 곧바로 알아차릴 수 있듯이, 교회의 본기도 전통에서 나타나는 이 주요한 이름들은 창세기에서부터 요한계시록에 이르기까지 등장한다. '전능하신 분'이라는 단어는 히브리어 '엘 샤다이'(*El Shaddai*), 곧 전능하신 하나님에서 유래했다. 반면에 '아버지'라는 단어는 예수님이 기도드릴 때 하나님을 가리켜 사용하던 말이다. 예수님은 제자들에게 '아버지'라는 호칭을 사용해 기도하라고 가르쳐 주셨다. 예수님이 주님의 기도에서 가르쳐 주신 대로, 우리 그리스도인들은 하나님을 '아버지'라고 부르는 경향이 있다. 우리는 "우리 아버지" 또는 "주님의 기도"라고 부르는데, 영어를 사용하는 대부분의 그리스도인들이 KJV 영역본에 나오는 그 호칭들을 여전히 사용한다(참조. 마 6:9-13).

또다시 잠시 주의를 기울여야 할 사항이 있다. 우리는 하나님을 우리가 부르고 싶어 하는 대로 부르기를 원한다. 그렇다면 하나님을 어떻게 부를지 스스로 선택한다는 사실을 인정할 필요가 있다. 우리는 부모님과 목회자들에게서 기도하는 법을 배운다. 나의 아버지는 언제나 하나님을 "**하늘에 계신** 우리 아버지"라고 부르면서, '하늘에'라는 단어를 약간 강조하셨다. 우리 교회 목사님도 "하늘에 계신 우리 아버지"라고 부르셨다. 그래서 나는 아버지가 혹시 목사님 때문에 기도할 때 하나님을 그렇게 부르는 것은 아닌지 종종 의문을 품었다. 다른 사람들이 이런 말을 하는 것도 들었다. "나는 하나님을 '주 하나님'이라고 부른답니다." 반면에 내게 이렇게 말하는 사람들도 있었다. "이제 나는 하나님을 하나님 '어머니'라고 불러요. 나는 '아버지'는 싫어하지만, '어머니'는 좋아하니까요. 그게 하나님에 대한 내 생각이에요." 나는 잠시 망설이며 대답했다. "아, 그렇군요." 어떤 사람이 방금 밝힌 아버지와의 내밀한 사적 관계를 어떻게 판단해야 할지 모르겠다.

사람들은 그처럼 개인의 경험과 관련된 문제에 대해서 논쟁하려 하지 않는다. 하지만 나는 다음 사항을 재차 강조하고자 한다.

『성공회 기도서』의 본기도에서는 주로 네 개의 이름을 부르며 하나님께 나아간다. 그리고 그 이름들은 성경과 교회의 기도 전통에서 사용되는 하나님의 주요한 이름이다. 본기도에서 사용되는 하나님의 주요한 네 개의 이름으로 하나님께 나아가는 법을 익히면 우리는 그 이름들 안에 포함된 지혜를 배울 뿐만 아니라, 그 지혜를 깨달은 이들의 모습으로 변화되어 간다. 이제 앞에서 제기한 질문들에 답해 보자. 하나님을 부르는 오직 하나의 올바른 이름이 있거나, 오직 하나의 올바른 호칭이 있는 것은 아니다. 간구 기도를 드릴 때, 우리는 저마다 가장 자연스럽게 여겨지는 이름으로 하나님을 불러야 한다. 그러나 우리가 하나님에 관해서 부르는 이 기도의 전통에서 배울 수 있다. 다음에 제시되는 이름들은 성경 자체에서 하나님을 언급하는 가장 일반적인 방법이다. 지혜로운 방식은 이런 이름이 지닌 의미를 이해하고 받아들이는 것이다.

    이제 네 개의 주요한 이름을 각각 간결하게 설명하고자 한다. 각각의 이름은 하나님의 광대하심, 위엄과 영광 등에 대해서 어떤 호칭을 부여한다. 그것은 어떤 이름도 하나님에 관한 모든 속성을 포괄하지 못한다는 뜻이기도 하다. 그 대신 각각의 이름은 단지 하나님이 어떤 분이신지 진실로 가르쳐 준다.[70]

전능하신 하나님

우리는 기도할 때 종종 하나님을 "전능하신" 분으로 부른다. 그것은 신학자들이 '전능'(omnipotence)이라고 부르는 하나님의 권능을 시인하는 말이다. 또한 '전능하신'은 하나님이 행동하고 구원하며 심판하고, 모든 것을 올바르게 하신다는 사실을 인정하는 말이다. 구약 전문 학자들은 히브리어에서 '샤다이'(Shaddai)가 무엇을 의미하는지 논쟁한다. 그 논쟁 중에는 『새 예루살렘 성경』(New Jerusalem Bible)에 나오는 "산의 하나님"이나 "광야의 하나님"이라는 번역들도 포함된다. NIV는 '샤다이'를 '전능'으로 번역한다. 『성공회 기도서』에서도 '전능'이라는 번역을 받아들였다. 그렇지만 이 용어는 우리를 그릇된 길로 안내할 수도 있다. 그래서 하나님을 "전능하신 분"으로 부를 때, 어떤 의미로 말하고 있는지 생각해 볼 필요가 있다.

심지어 이 세상에서 모든 것이 올바르지도 않고 공정하지도 않고 사랑스럽지도 않으며 지혜롭지도 않다는 사실을 알면서도, 우리는 하나님을 "전능하신 분"이라고 부른다. 이런 상황에서도 우리는 계속해서 하나님을 "전능하신 분"이라고 부른다. 일요일 아침에 우리가 하나님을 "전능하신 분"이라고 말할 때도, 때때로 다양한 의심이 파고들어 우리를 괴롭힌다. 하나님을 "전능하신 분"이라고 부르는 것은 하나님이 어떤 폭군, 황제, 통제 광이라는 뜻이 아니다. 하나님은 절대주권을 지니시지만, 그 절대주권은 어떤 사람들이 생각하듯이 가혹한 것은 아니다. 신부들이 어린아이들을 성추행할 때, 목회자들이 사람들에게서 교묘히 돈을 가로챌 때, 또는 고위 경찰들이 권력을 남용해서 죄 없는 사람들을 감옥에 보낼 때, 과연 우리는 전능하신 하나님이 사람들의 삶을 직접 통치하신다고 생각하는가? 하나님의 전능하심의 범위에도 어느 정도의 불의는 존재한다. 왜냐하면 하나님은 그분의 절대주권으로 인간에게 자유를 허용하시기 때문이다.[71] 절대주권을 지니셨고 전능하시며 모든 권능을 지니신 하나님에 관해 구약학자 존 골딩게이는 내가 가장 좋아하는 방식으로 설명한다. (그는 구약성경을 "첫 번째" 약속에 대한 성경이라고 부른다.) 사람들이 "전능하신" 분이라고 부르는 하나님에 관해서 그가 말하는 모든 단어 하나하나가 중요하기 때문에, 여기서 그의 주장을 길게 인용하고자 한다.

만약 하나님이 절대주권을 지니셨다고 한다면, 이 세상에서 일어나는 많은 사건을 생각해 볼 때 절대주권을 이해하기는 쉽지 않다. 종종 일어나거나 일어나지 않는 사건들의 배후에 있는 연결 고리나 그 원인을 파악하기는 불가능하다. 야웨께서는 권능을 지니셨으므로, 자기 백성을 구원하실 수 있다[예. 시 21:13(마소라 14), 28:8]. 하지만 때때로 야웨께서는 그분의 백성이 패배하도록 내버려 두신다. 심지어 그들의 불신실함 때문에, 징계를 받아서 패배한 게 아닌 경우에도 마찬가지다(예. 시 44편). 사람들이 이의를 제기하면,

야웨께서는 이렇게 반응하신다. (야웨께서 "미안하다"라고 말씀하시지 않는다는 점만 제외하면) "미안하지만, 세상은 너를 중심으로 회전하지 않는다. 세상에서 일어나는 사건들의 증거에 비추어 볼 때, 대체로 나는 이 세상을 그렇게 나쁘게 운영하지 않는다. 너는 이런 일들과 더불어 살아가야만 한다"(욥 38-41장). 동시에 하나님은 자신이 사랑하시는 이들을 위해서 "모든 것이 합력하여 선을 이루"게 하신다(롬 8:28). 하나님의 절대주권에 대한 시험은 이 세상에서 일어나는 일들에 있는 것이 아니라, 오히려 그 일들이 일어난 다음에 하나님이 그 일들을 어떻게 처리하시는지에 달려 있다.

그렇다면 전능이라는 개념이 하나님이 원하시는 곳에 모든 것을 제자리에 놓으셨고, 그래서 모든 것이 안심할 수 있는 상태에 있다는 뜻이라고 한다면, 그것은 전능하신 하나님이 일하고자 선택하시는 방법이 아니다. 전혀 그렇지 않다. 하나님의 전능하심은 큰 그림에 비추어서 이해할 필요가 있다. 이 점과 관련해서 골딩게이는 계속 이런 주장을 이어 간다.

요한계시록은 하나님의 능력이나 절대주권을 최초의 창조뿐만 아니라 새 하늘과 새 땅과 연결한다. 하나님의 절대주권과 능력에 대한 성경의 다른 주장들도 그 두 가지를 똑같이 연결한다. 이와 같은 연결은 하나님의 절대주권과 능력을 이해하는 출발점을 제시한다. 하나님의 절대주권은 세상이 존재하도록 하나님 홀로 계획을 세우셨으며, 하나님 홀로 그 계획을 완성하신다는 뜻이다.

아마도 이것은 내가 우리의 하나님에 관해서 배우고 그 하나님을 신뢰하게 된, 가장 유익한 통찰일 것이다. 우리의 전능하신 하나님은 우리에게 하나님의 뜻을 벗어나서, 자유롭게 행동할 수 있는 자유를 주셨다는 뜻이다.

하나님의 절대주권에는 불순종하는 사람들이 기꺼이 그분을 부인하는 것까지 포함한다. 하나님의 전능하신 속성은 하나님이 어떤 일들이 일어나게 하실 수 있으며, 또한 그 일들이 일어나지 않도록 막을 수도 있다는 것을 의미한다. 하나님은 하와가 선악과를 따 먹지 못하도록 막으실 수도 있었다. 그러나 그분은 그렇게 하지 않으셨다. 하나님은 예수님을 구원하기 위해서 수많은 천사를 보내실 수도 있었다(마 26:53). 그러나 그렇게 하지 않으셨다.

그 대신 하나님은 인간이 가장 악한 일을 행하도록 허락하셨다. 그리고 그 방법으로 하나님이 의도하신 일을 성취하셨다. 하나님은 그 사건이 일어날 것을 아셨다. 그분은 그것이 일어나도록 의도하셨다. 그리고 인간의 가장 악한 행위가 빚어낸 결과를 극복하셨다(행 2:23-24).[72]

하나님을 "전능하신 분"으로 부르는 것은 아마도 우리가 하는 가장 큰 주장일 듯하다. 하나님을 "전능하신 분"으로 부를 때, 우리는 하나님이 모든 것을 보고 알며 이끄시기에, 어느 날 모든 일이 잘되리라고 믿음으로 주장한다. 하나님을 "전능하신 분"이라고 부르는 것은 우리의 하나님이 한 분인 참 하나님이며, 만물을 짓고 사랑하며, 죄를 심판하고, 불의와 사악함을 없애며, 옳고 선한 것을 세우시는 분임을 신뢰하고 확신하며 믿을 용기를 준다. 이처럼 우리는 믿음 안에서 하나님을 "전능하신 분"이라고 부른다. 특별히 우리는 전능하신 분이 행동하시기를 간구하면서, 이 용어를 사용한다.

하나님

하나님을 부를 때 '하나님' 또는 '주'는 성경에서 가장 흔하게 사용되는 호칭이다. KJV에서 '하나님'은 3,876번, NRSV에서 4,187번, CEB에서 4,147번, ESV에서 3,808번, NIV에서는 3,520번 나타난다. 이 영역 성경들 사이에 그 횟수가 차이가 나는지 이유는 번역자들이 '하나님'을 암시하는 곳에서도 하나님으로 번역했기 때문이다. 다른 영역본들은 때때로 하나님을 암시하는 경우에 '그'(He)라는 대명사를 사용한다. 모든 영역 성경에서 하나님은 여전히 압도적인 주체이며 행위자시다.

'하나님'이라는 용어는 성경에서 다른 문화와 서로 충돌하는 이야기를 들려준다. 그것은 이스라엘 백성이 유일신 신앙, 즉 유일하고 참된 한 분 하나님이 존재한다는 신앙을 갖게 되었기 때문이다. 다른 민족들은 하나 이상의 많은 신을 믿는 다신론자였으며, 다른 신들이 존재하기는 하지만, 자신이 믿는 신이 훨씬 우월하다고 생각했던 단일신교(henotheism)를 믿는 이들도 있었다. 그러나 이스라엘의 신앙은 그렇지 않았다. 그들은 오직 한 분 하나님이 존재하시며, 그 분을 야웨라고 불렀다(창 14:22; 출 3:13-22). 이스라엘에게 다른 모든 신은 유령과 같은 존재였다.

또한 '하나님'의 의미에 대해서도 서로 문화적인 충돌이 빚어졌다. 구약성경에서 '하나님'이라는 단어는 히브리어 명사 '엘'(*El*)이나 복수 형태인 '엘로힘'(*Elohim*)을 번역한 것이다. 고대 히브리인들과 이스라엘 백성은 고대 근동 지역에서 흔히 사용되었던 용어들을 빌려 왔다. 다양한 민족이 자신들의 종족 신을 '엘'이라는 동일한 용어로 부르면서, 다양한 철자로 표기했다. 하지만 이스라엘은 그들의 용어를 빌려 와서 새로운 생명을 부여했고, 하나님은 오직 한 분이라고 인정했다. 이스라엘 민족의 표준적인 신앙고백인 쉐마(*Shema*)에서는 이렇게 말한다. "이스라엘아, 들으라. 우리 하나님 여호와는 오직 유일한 여호와이시니라"(신 6:4). 한편 신약 시대에 신약성경은 히브리어가 아니라 헬라어로 기록되었다. 그 신약성경에서 히브리어 명사 '엘'은 헬라어 명사 '테오스'(*Theos*)로 번역되었다. 오늘날 우리가 사용하는 성경에서 '하나님'이라는 용어의 배후에는 이 이야기가 있다.

'하나님'이라는 단어로 하나님을 부를 때, 우리는 우리 주 예수 그리스도의 하나님이 우주의 주인이신 참 하나님이라고 고백하는 셈이다. 우리가 기도할 때 어떤 대상을 하나님이라고 부르는 행위는 우리의 무릎을 꿇고, 생각을 내려놓고, 마음을 비우고 우리의 몸을 이 한 분 하나님께 드리는 것이다. 만약 우리가 기도하면서 종종 이렇게 한다면, 우리는 우주의 창조주 앞에서 인간이라는 존재의 리듬을 발전시키는 것이다.

교회의 본기도 전통에서 하나님을 가리키는 히브리어 용어(엘)와 헬라어 용어(테오스)는 둘 다 영어 용어 '하나님'(God)에 자리를 내주었다. 그뿐 아니라 삼위일체적 관점에서 하나님을 이해하는 교회 전승에서도 영어 용어 '하나님'(God)으로 바뀌었다. 하나됨을 이루시는 참 하나님은 아버지, 아들, 성령이시다. 우리가 하나님을 언급할 때, 우리는 한 분이신 세 위격(one-in-three)과 세 위격이신 한 분(and three-in-one) 하나님으로 이해하고, 우리의 신앙을 고백한다. 그리고 우리를 향하신 하나님의 사랑은 하나님의 자기 사랑으로부터 나타난다. 아버지와 아들과 성령은 서로 가장 친밀한 사랑으로 교류하시면서 끝없는 관계를 맺으신다.

우리는 "천지를 지으신" 하나님을 믿으며, 그 하나님에 대해서 신조(the Creed)로 신앙을 고백한다. 그러나 돈, 쾌락, 권력, 명성, 영광과 소유와 같은 우리 시대의 우상숭배 때문에 우리는 끊임없이 공격을 받는다. 우리는 하나님과의 관계 이외에 다른 대상을 사랑해서 만족을 얻고자 하는 유혹을 받는다. 그래서 '하나님'이라는 용어를 사용해 기도할 때, 누가 참 하나님이며 누가 아닌지를 계속 끊임없이 상기할 필요가 있다.

맨 처음 언급한 두 용어, 즉 전능하신 분과 하나님은 우리를 겸손과 경외심으로 이끄는 효과가 있으며, 우리가 무한의 시간 속에서 한낱 티끌에 지나지 않는다는 사실을 깨닫게 해 준다. 그렇지만 그런 비천한 존재인 우리를 우리 하나님이 그분의 사랑과 기쁨의 대상에 포함하신다는 놀라운 사실 또한 깨닫는다.

주

'주'라는 하나님의 호칭은 성경에서 하나님(God)이라는 용어를 사용하게 된 것과 비슷한 배경을 갖는다. ESV는 '주'(Lord)를 6,681번, NRSV는 7,225번, NIV는 6,466번, CEB는 7,009번 사용한다. 하나님을 가리키는 다른 모든 용어보다 '주'와 '하나님'이 압도적으로 많이 사용된다. 그러므로 기도서들이 하나님을 언급하면서 하나님과 주님을 매우 자주 사용하는 점은 전혀 놀라운 일이 아니다. '주'라는 번역의 배후에는 히브리어 단어 '아도나이'(*Adonai*)가 있다. 언약의 하나님을 가리키는 '야웨'(*Yahweh*) 대신에 이 단어가 사용되었다. '야웨'라고 부르는 대신에, 사람들은 하나님을 향한 경외심에서

'주'라고 불렀다. 그다음 이 히브리어 단어 '아도나이'는 그리스 단어 '퀴리오스'(Kyrios)가 되었는데, '퀴리오스'는 '야웨'나 '엘'과 달리 그 자체로 고유한 의미를 지녔고, 종종 서로 다른 문화적 연관성을 지녔다. 이 그리스어 명사 '퀴리오스'가 영어 단어 '주'(Lord)로 번역되었다. 신약성경이 기록될 즈음 하나님을 '퀴리오스'라고 부르는 것은 로마 황제가 세상의 유일무이하고 참된 주님이 아님을 암시했다. 고대 그리스어에서 로마 황제는 종종 '퀴리오스'로 불렸다. 또한 '퀴리오스'는 구약성경에서 하나님을 가리키는 주요한 두 용어, 곧 '야웨'와 '아도나이'의 번역어로 사용되었다. 기도에서 하나님을 부르는 호칭에는 우리가 하나님께 간청하고 싶어 하는 것은 무엇이든 처리할 능력이 있다!

이 모든 용어는 동일한 하나님을 가리킨다. 그러므로 그 세 히브리어 용어와 하나님을 부를 때 사용되는 단어들(야웨, 엘, 아도나이)은 구약성경 신명기 10:17의 요약적인 진술에서 모두 함께 나타난다. "너희의 하나님(엘) 여호와(야웨)는 신(엘) 가운데 신이시며 주 가운데 주(아도나이)시요 크고 능하시며 두려우신 하나님이시라." 이 히브리어 용어들—하나님(엘)과 야웨/주/주(야웨)—은 신약성경에서 한편으로는 아버지에게, 다른 한편으로 아들에게 나뉘어 사용된다. "우리가 우상은 세상에 아무것도 아니며 또한 하나님은 한 분밖에 없는 줄 아노라.…그러나 우리에게는 한 하나님(신 6장의 '엘'을 가리킴), 곧 아버지가 계시니 만물이 그에게서 났고 우리도 그를 위하여 있고 또한 한 주(신 6장의 '야웨'를 가리킴) 예수 그리스도께서 계시니 만물이 그로 말미암고 우리도 그로 말미암아 있느니라"(고전 8:4-6). 여기서 '하나님'은 아버지를 가리킨다. 그리고 주/야웨는 예수님을 가리킨다! 그렇다. 이와 같은 종류의 삼위일체 신학이 본기도에서 곧바로 하나님을 부르는 데 사용된다. 우리가 기도하며 '하나님'이나 '주'라는 용어를 사용할 때, 이 모든 내용이 그 배경에 있음을 주장하는 편이 더 좋다.

잠시 멈추어서 이 점을 또다시 심사숙고해 보자. 어떤 대상을 '주'라고 부르는 상황은 인간이 지닌 마음의 본성에 어긋난다. 하지만 우리는 기도할 때 바로 이 같은 행동을 하는 것이다. 우리는 이 단어를 경외심과 두려움을 지닌 채 말할 필요가 있다. 성령 강림절 이후 세 번째 일요일에 드리는 본기도는 내가 좋아하는 기도 가운데 하나로, 우리가 기도드리는 대상인 하나님의 광대하심 앞에서 경외심을 품는 상황을 이렇게 상기시켜 준다. "오 주님, 주님의 섭리로 이 세상의 역사 과정이 평화롭게 다스려지게 하소서." 우리가 하나님을 '주'라고 부를 때, 우리는 하나님이 피조 세계 전체와 역사의 주인이시며, 이 주님은 이 세상에 대한 계획을 갖고 계신다고 주장하는 것이다. 그리고 이 주님이 이 세상을 창조하셨으며, 역사를 그분이 정한 목적대로 이끌어 가신다고 주장한다.

아버지

구약성경뿐만 아니라 또한 유대교에서도 하나님을 '아버지'라고 부르지 않는다. 그러나 예수님은 그렇게 부르셨다는 주장이 종종 있다. 그래서 '아버지'는 오직 그리스도인이 기도할 때 사용하는 용어라는 것이다. 하지만 실상은 그렇게 단순하지 않다. 예를 들면, 이사야 63:16에서 "주[이스라엘의 하나님, 야웨]는 우리 아버지시라"고 언급된다.[73] 그리고 시편에서도 종종 하나님을 가리키는 데 '아버지'라는 말을 사용하거나, 하나님을 "아버지"라고 부른다(시 2:7; 68:5; 89:26; 103:13). 그렇지만 예수님의 생애와 가르침을 통해서 하나님을 아버지라고 말한다는 사실이 매우 강력하게 나타난다는 점에는 의심의 여지가 없다. 그리고 사도들의 기록에서 **아버지**라는 호칭은 하나님을 가리키는 고유한 용어가 된다. 예수님이 제자들에게 기도를 가르쳐 주셨을 때, 하늘에 계신 "우리 아버지"로 기도를 시작하라고 말씀하셨다(마 6:7). "나의 하나님, 나의 하나님"(엘리)으로 시작되어 "어찌하여 나를 버리셨나이까?"(마 27:46; 막 15:34)라고 외치신 기도를 제외하고, 복음서에 기록된 예수님의 모든 기도는 '아버지'라는 호칭으로 시작된다. 그래서 하나님을 "아버지"라고 부르면서 기도하는 것은 그리스도인의 고유한 특징이 되었다.

'아버지'는 하나님과 주의 권위와 위엄과 영광을 나타내는 데 가장인 아버지에 대해서 자녀가 사용하는 애정 어린 언어와 결합한 호칭이다. 그러므로 '아버지'는 가족 사이의 친밀함과 하나님의 권위, 사랑과 순종을 모두 포함한다.[74] 하나님 또는 주[님]은 가정 안으로 들어오셔서, '아버지'가 되신다.

하지만 '아버지'에 대해서 언급해야만 할 또 다른 사항이 있다. 슬픈 현실이지만, 많은 사람에게 아버지는 때때로 자녀를 성적으로, 다른 경우에는 언어로, 또는 정서적·심리적으로 학대해 왔던 대상이기도 하다. 그래서 많은 사람은 그리스도인이 흔히 표준적인 예로서 하나님을 '아버지'라고 부르면서 기도하는 상황에 고통을 느낀다. 어떤 이들은 이 용어를 사용해 기도하지 못한다. 그래서 그들은 기도할 때 차라리 그 이름을 부르지 않거나, 주나 하나님, 심지어 어머니라는 호칭으로 대치해서 부른다. 그 문제에 대한 답으로서 우리는 하나님을 '아버지'로 부르는 것이 어떤 사람들에게 이 세상에서 학대하는 아버지들을 극복하는 방법이 될 수 있다고 제안한다. 학대하는 아버지 대신에, 사랑으로 돌보고 보호해 주시며 안전하게 지켜주시는 하나님을 아버지로 여기는 것이다. 그 확신으로부터 하나님을 '아버지'라고 부르며 기도할 수 있다. 하지만 그것은 오직 그와 같은 확신을 공유하는 이들에게만 가능하다.

우리는 주님의 기도를 드리면서 매주 날마다 하나님을 "아버지"라고 부른다. 더욱이 우리 가운데 많은 이들은 기도할 때 하나님을 아버지라고 부르면서 기도하라고 배웠다. 그래서 우리는 끊임없이 이 용어를 사용한다. 따라서 자기도 모른 채 무의미하게 사용하는 경우가 아니라면, 특별히 그 용어를 소홀히 여기기 쉽다. 무심결에 "아버지"를 반복해서 말하는 것은 자신의 아버지에게 학대당한 이들에게 고통의 원인을 제공할 수도 있다. 그렇지만 하나님을 "아버지"라고 부르는 기도에는 놀라운 기대가 가득 차 있다. "거룩한 이름 예수"라고 불리는 새해 첫날 드리는 본기도에서 우리는 이렇게 기도한다. "영원하신 아버지, 거룩한 이름 예수를 우리의 구원의 표징이 되게 하시려고, 우리에게 성육신한 당신의 아들을 주셨습니다." 주현절 이후 첫 번째 일요일에 우리는 예수님의 세례에 초점을 맞추며, 이렇게 기도한다. "하늘에 계신 아버지, 아버지께서는 예수님이 요단강에서 세례를 받으실 때 사랑하는 당신의 아들이라고 선포하시며, 성령의 기름을 부으셨습니다." 주현절 이후 여덟 번째 일요일의 본기도에서도 또 한 번 '아버지'가 언급된다. 그 일요일에 우리는 "사랑이 넘치시는 아버지"라고 기도한다. 그렇게 친밀감이 넘치는 표현은 본기도에서 자주 나타나지 않는다. 그러나 하나님께 간구하기와 하나님 기대하기 요소들은 왜 우리가 하나님께 말 걸기를 나중에 다루는지 잘 설명해 준다.

우리를 믿음 없는 두려움과 세상적인 염려로부터 보호해 주소서. **그리하여 죽을 수밖에 없는 삶의 어떤 구름도 우리를 영원한 사랑의 빛에서 감추지 않게 하여 수소서.** 당신의 아들 우리 주 예수 그리스도를 통해서 당신은 그 사랑을 우리에게 나타내셨습니다.

하나님을 아버지라고 부르며 끊임없이 그렇게 부르는 기도는 우리를 하나님의 자녀로 만들어 줄 뿐만 아니라 서로 형제자매가 되게 해 준다. 우리는 계속해서 하나님을 아버지라고 부르며 기도할 필요가 있다. 우리가 하나님의 자녀라는 사실에 대한 매우 강력한 확신이 필요하기 때문이다. 또한 우리는 서로 형제자매로 살아야 하기 때문이다. 오늘날 교회 안에는 경쟁심이 가득하다. 하나님을 "아버지"라고 부르며 기도하지만, 우리는 수많은 교파와 교회로 분열되어 있고 나뉘어 있다. 심지어 서로 얼굴을 마주 대하는 상황조차 거부한다. 하나님을 "아버지"라고 부르는 기도는 모든 그리스도인과 교파를 하나로 만들어 주는 원천이 될 수 있다.

또다시 말하지만, 우리가 교회의 본기도 전통에서 '승인된' 호칭의 용어로 하나님께 말해야 한다고 생각할 필요는 없다. 우리가 어떤 용어를 선택하거나 선호하든지, 하나님은 우리의 기도를 들으신다. 하지만 전능하신 분, 하나님, 주와 아버지와 같은, 하나님을 부르는 용어에서 직접 흘러나오는 다양한 함의와 신학을 숙고함으로써 하나님께 말 걸기에 더 깊은 관심을 기울일 수 있다.

10장
성령 안에서 그리스도를 통해 하나님께 나아가기

간구 기도의 유형에 대해 신약성경은 우리가 그리스도를 통해서 하나님께 나아갈 수 있고 하나님의 영 안에서 이렇게 할 능력을 지닌다는 신학적 기여를 한다. 히브리서 4:14-16에는 그리스도를 통해서 하나님께 나아가는 것을 다음과 같이 언급한다.

그러므로 우리에게 큰 대제사장이 계시니 승천하신 이 곧 하나님의 아들 예수시라. 우리가 믿는 도리를 굳게 잡을지어다. 우리에게 있는 대제사장은 우리의 연약함을 동정하지 못하실 이가 아니요, 모든 일에 우리와 똑같이 시험을 받으신 이로되 죄는 없으시니라. 그러므로 우리는 긍휼하심을 받고 때를 따라 돕는 은혜를 얻기 위하여 은혜의 보좌 앞에 담대히 나아갈 것이니라. (히 4:14-16)

본기도 전통은 성경과 교회의 간구 유형을 정선(精選)하여 구체화한 것으로, 우리가 하나님께 나아가는 수단을 우리에게 상기시켜 준다. 따라서 몇몇 연구서에서는 이것을 간청 혹은 탄원이라고 부른다.[75] 나는 이 요소를 "하나님께 나아가기"로 분류했다. 왜냐하면 이 간구는 거의 언제나 "통해서"(through, …의 이름으로)라고 말하기 때문이다.

이 점을 분명하게 하자. 로마서 16:27은 "예수 그리스도로 말미암아"로 끝나지만, 신약성경의 기도가 언제나 "그리스도로 말미암아"로 끝나는 것은 아니다. 그리고 신약성경의 기도에서 "아멘" 자체도 매우 드물게 나타난다(롬 9:5; 11:36; 15:33; 16:27을 보라). 고린도후서 1:20은 그리스도에 대해서 이렇게 말한다. "하나님의 약속은 얼마든지 그리스도 안에서 예가 되니 그런즉 그로 말미암아 우리가 아멘 하여 하나님께 영광을 돌리게 되느니라."[76] 그렇지만 신약성경의 신학은 우리가 성령 안에서 그리스도를 통해 하나님께 나아간다고 말한다.

이것은 우리가 하나님께 나아가는 수단이며, 그리스도 안에서 하나님의 은혜로 우리에게 주어졌다. 다음에 제시된 기도는 본기도를 마무리하는 가장 일반적인 표현이다.

우리 주 예수 그리스도는 하나님 아버지와 성령님과 함께 이전부터 지금도 그리고 영원히 사시고 다스리십니다. 아버지와 성령과 함께 한 분 하나님이신 우리 주 예수 그리스도의 이름으로 기도합니다. **아멘**.

하나님께 나아가기는 우리가 사용하는 호칭들로 하나님께 말할 수 있다는 확신을 준다. 또한 하나님이 어떤 분이고 지난날 무슨 일을 하셨는지 하나님을 떠올려 주며, 그래서 하나님께 간청할 수 있는 확신을 주고 하나님이 응답하시기를 기대하며 간구할 수 있게 해 준다. 하나님께 나아가기는 "우리의 주님이신 하나님의 아들 예수 그리스도를 통해" 이루어진다. 이것은 우리가 성령의 능력으로 하나님의 아들을 통해서 하나님 아버지에게, 또는 우리의 삼위일체 하나님께 기도드린다는 뜻이다. 우리는 오직 예수 그리스도의 공로를 통해서 이 간구를 드릴 특권을 누린다. 그리스도는 그분의 삶, 죽음, 무덤과 부활을 통해서 우리를 구속해 주셨고, 모든 피조물의 주인이신 하나님께 나아가는 길을 열어 주셨다.

이 예수님은 죽고 부활하셨을 뿐만 아니라 우리의 대제사장이자 우리를 다스리시는 왕으로서 "처음과 같이 지금도 그리고 영원히" 우리를 위해서 활동하신다. 우리는 이것을 그리스도께서 "보좌에 앉으셨다"(session)고 말한다. 그리스도는 성령님과 더불어 아버지 하나님의 오른편에 앉아 계신다. 그리고 우리는 아버지와 아들과 성령이 "한 분 하나님"이시라는 삼위일체 신앙을 시인한다.

예수님 당시의 세상에서는 기도하는 사람이 "아멘"이라고 말하며 기도를 마치지 않았다. 그들은 '아멘'이 무엇을 의미하는지 알고 있었기 때문이다. '아멘'은 아람어로, "그렇게 될지어다" 또는 "동의합니다"를 뜻한다. 이 말은 기도를 듣고 그 내용에 동의하는 사람들이 "아멘"이라고 말하며 그 기도에 동참할 때 사용하는 용어였다. 오늘날 공적인 예배에서 대표 기도를 드리는 사람이 "아멘"이라고 말하면 그 간구를 듣는 우리 모두도 "아멘"이라고 화답한다. 그래서 그 단어를 강조체로 표시했다.

11장
실천: 요약

이제 나는 성경과 교회의 간구 기도 유형과 일치하는 방식으로 우리 자신의 간구 기도를 작성하는 법을 익히는 데 필요한 주요 요소를 다시 한번 요약하고자 한다. 그 요소들은 다음과 같다.

하나님께 말 걸기
하나님 떠올리기
하나님께 간청하기
하나님 기대하기
성령 안에서 그리스도를 통하여 하나님께 나아가기

위에서 제시한 유형은 하나님께 말 걸기와 하나님 떠올리기로부터 시작하고, 우리의 간구는 항상 거기에서부터 시작한다. 그러나 우리가 드리는 성경적 유형의 간구 기도의 특징은 하나님께 무언가를 간청한다는 것이다. 우리의 간구는 하나님께 무언가를 간청한다. 성경의 간구 유형을 간결하게 구체화한 본기도는 오직 단 하나의 중요한 사항에 의해서 형성되었다는 사실을 의미한다. 그것은 바로 기도하는 사람의 바람이다. 그래서 이 마지막 장에서 우리는 이 유형에 따라서 다시 한번 구체적으로 기도하는 법을 살펴보고자 한다.

당신의 간구로 기도를 시작하라

본기도 전통에서 기도하는 사람은 한가운데서부터 기도하기 시작한다. 그다음 뒤로 갔다가 다시 앞으로 간다. 기도하는 사람은 하나님께 말 걸기와 하나님을 떠올리기 요소들을 하나님께 간구하기 요소에 근거해서 작성한다. 그러므로 간구하는 사람의 작성 순서는 논리적인 순서와 다르다. 사실상 분명히 하나님께 말 걸고 하나님을 떠올리는 과정은 하나님께 간구하는 과정으로 이끈다. 그러나 간구의 성격 때문에 이런 순서로 작성된 것이다. 이 점에 대해서 다르게 말할 수 있다. 간구 기도에 대한 이런 유형은 전체적으로 유기적이며, 각각의 요소는 다른 요소들과 서로 협력한다.

구체적으로 간구하라

당신이 하나님께 진정으로 원하는 것은 무엇인가? 진정한 간구는 바로 이 질문으로 시작한다. 당신이 무엇인가 구체적으로 생각하기를 권한다. 예를 들면, "우리 교회는 새로운 빌딩이나 건물 확장이 필요합니다." 또는 "딸아이의 수술이 성공해서, 곧 낫게 해 주십시오." 혹은 "더 나은 일을 하기 원합니다. 그 일을 통해서 더 번창하기를 바랍니다." 이와 같은 방법으로 당신이 원하는 다양한 바람에 관한 목록을 제시할 수 있다. 그렇지만 목록을 구체적으로 제시하라. 자신이 바라는 내용을 감추지 말라. 교회가 해 온 전통적인 간구는 결코 수줍어하거나 추상적이지 않다. 항상 대담하고 솔직하다.

하나님을 숙고하며 떠올리라

나는 이제까지 살아오면서 수천 번 이 유형을 따라서 기도해 왔다. 어쨌든 이 간구 기도를 할 때, 내가 가장 관심을 기울이고 묵상한 내용은 바로 하나님 떠올리기였다. 어떤 사람이 치유를 위해서 기도할 때, 그는 치유에 대한 성경 본문을 숙고해 볼 수 있다. 하나님을 "아버지"라고 부르면서, "나는 너희를 치료하는 여호와임이라"라고 하신 출애굽기 15:26 말씀에 근거한 하나님에 대한 이 진리를 주장할 수 있다. "하나님, 주님은 치료해 주시는 분입니다." 또는 "예수 그리스도께서 너를 낫게 하시니"라고 하신 사도행전 9:34에 기초해서 이렇게 기도할 수도 있다. "아버지, 하나님은 우리의 치료자로 당신의 아들을 우리에게 보내 주셨습니다." 혹은 더 구체적이고 자세히 이렇게 기도할 수도 있다. "아버지여, 하나님은 시리아 사람 나아만, 히스기야왕, 막달라 마리아와 백부장의 종을 고쳐 주셨습니다." 아니면 이렇게 기도할 수도 있다. "하나님 아버지, 하나님은 이전에 매우 많은 사람을 병에서 낫게 해 주셨습니다."

하나님에 관한 진리들을 숙고하기 위해서 굳이 신학자가 될 필요는 없다. 하지만 우리의 간구를 하나님에 관한 진리와 연결하기 위해서는 숙고가 필요하다. 우리가 숙고하며 하나님이 어떤 분이며 어떤 일을 하시는지에 근거해서 하나님께 호소할 때, 우리는 신학적으로 생각한다. 솔로몬도 그의 기도에서 그랬고, 다윗과 구약 시대의 선지자들도 그랬고, 예수님은 주님의 기도에서 그 점을 가르치셨다. 바울 또한 그가 보낸 서신들의 시작 부분에 쓴 기도에서 그와 같은 숙고 과정을 거쳤다. "하나님 아버지, 하나님은 은혜가 넘치시는 분입니다. 그러므로 우리에게 은혜를 베풀어 주소서." 하나님께 이렇게 말하는 것은 그분을 조종하려는 의도가 아니다. "내가 원하는 것을 주소서!"라는 식의 일방적 떼쓰기가 아니라, 우리의 가장 깊은 신학에 뿌리내린 주장이다. 하나님께 하나님으로서 그분의 존재와 일치하도록 간청하는 기도를 조종이라고 말하기 어렵다. 사실상 이런 간청은 하나님의 존재 안에서 그분의 하나님되심을 시인하는 주장이다.

그러므로 우리가 누군가 병에서 낫기를 기도한다면, 우리는 하나님을 "아버지"라고 부르면서, 다음과 같이 단순한 진리들에 호소할 수 있다. "하나님 아버지, 당신은 치유하시는 하나님이며, 지금까지 수많은 사람을 고쳐 주셨습니다. 또한 자신의 아들을 치유자로 우리에게 보내 주셨습니다."

가장 적합한 호칭으로 하나님께 말하라

성경과 교회의 기도 전통에서 하나님을 부를 때 사용하는 네 개의 주요한 호칭은 전능하신 분, 하나님, 주(님)와 아버지다. 이들은 성경과 교회의 기도 전통에서 하나님을 지칭하며 가장 흔하게 사용되는 호칭이기도 하다. 그러나 이 용어들만 있는 것은 아니다. 성경이 제시하는 유형은 다음과 같다.

> 성령 안에서
> 아들을 통해서
> 아버지 하나님께

더욱이 만약 우리가 기도할 때 예수님께 말한다면, "우리 주 예수 그리스도를 통해서"라고 기도를 마무리하는 것은 (신학적인 측면에서) 가능하지 않다. 그러나 나는 이런 기도 방식을 인정한다. 많은 사람이 삼위일체 신학에 기초해서, 어떤 기도는 성자께, 또 어떤 기도는 성령께 드리기도 한다는 사실도 안다. 물론 대부분은 아버지 하나님께 기도드리지만 말이다. 순교자 스데반 집사는 죽임을 당하기 직전에 "주 예수여 내 영혼을 받으시옵소서"(행 7:59)라고 기도했다. 그리고 아나니아 역시 "주여"라고 부르면서 기도한다. 그것은 분명히 사울이라고 불리는 사람의 문제를 어떻게 처리할지 예수님과 대화하고 있었기 때문이다(행 9:13-17).

당신이 더 나은 직업을 얻기 위해서 기도한다고 가정하자. 당신은 하나님을 전능하신 분이라고 숙고할 것이다. 왜냐하면 당신의 은사에 가장 적합한 길을 열어 줄 직업을 찾으려면, 중대한 일이 일어나야만 하기 때문이다. 또는 어디에나 계시며 모든 일을 주관하시는 하나님이나 우주를 다스리시는 주님을 언급하며 기도를 시작할 수도 있다. 또는 하나님을 아버지라고 부르면서 기도를 시작할 수도 있다. 새로운 직장에서 하나님이 당신을 사랑으로 보살펴 주시기를 바라는 관점으로 더 많이 생각할 테니 말이다.

그렇지만 하나님에 대한 다른 용어들도 있다. 누군가는 하나님을 "만군의 주"(Lord of hosts)라고 부를 수도 있다. 또는 하나님을 "만군의 야웨"라고 번역한 존 골딩게이처럼 부를 수도 있다.[77] 혹은 지극히 높으신 하나님이나 심지어 질투하시는 하나님이라고 부를 수도 있다. 출애굽기 34:14에서는 "너는 다른 신에게 절하지 말

라. 여호와는 질투라 이름하는 질투의 하나님임이니라"라고 언급한다. 하나님의 이름이 모욕당하는 한가운데서 우리는 하나님이 영광을 받으시기를 바라면서, 질투하시는 하나님이라는 이름으로 간구할 수도 있다.

기대하는 바를 표현하라

본 기도에서 "…하여 주소서"를 표현하는 부분에서 우리는 우리가 직면한 이기심을 억제할 수도 있다. 하나님께 간구하기의 요소를 작성하면서, 스스로에게 이런 질문을 제기할 필요가 있다. "왜 이것을 간청하는가?" 또는 "만약 하나님이 이 기도에 응답하시면, 무슨 일이 일어날까?" "그러므로 하나님이 영광을 받으소서"라고 기도드리는 건 지극히 옳지만, 교회의 기도들은 우리가 기대하는 바를 더 사려 깊게 생각하도록 가르쳐 준다. 우리는 여기서 간구를 희망과 꿈과 상상력으로 밀어 넣고자 한다. 예를 들면, 그래서 우리 교회의 선교 사역이 많은 열매를 거둘 수 있도록 간구하거나 아픈 사람의 자녀들을 돌볼 어머니가 나타나거나 가정의 수입이 급격히 타격을 받지 않도록 간구할 수 있다.

그래서 우리는 간청하고, 우리의 간구를 말로 표현하며, 그 간구를 하나님의 응답 기대하기 요소와 연결한다.

"아버지, 당신은 치료하시는 하나님입니다. 하나님은 수많은 사람을 병에서 낫게 해 주셨고, 당신의 아들을 우리의 치료자로 이 땅에 보내셨습니다. ○○○이 이 병에서 낫게 해 주소서. 그래서 ○○○이 다시 자기 일을 감당하게 하시고, 그를 부르신 사역에서 형통하게 하소서. 꼭 필요한 그 일을 지금 대신할 사람이 없습니다." 물론 이와 같은 기도는 다양한 방법으로 조정하고 적용할 수 있다. 여기서 우리의 의도는 어떻게 간구가 우리의 기도를 다음 단계로 이끌어 목표하는 바를 이루게 하는지 설명하는 것이다.

오직 그리스도를 통해 성령 안에서 하나님께 나아가라

간구 기도는 간구가 주된 내용이라는 사실을 기억하라. 우리는 하나님께 무엇인가를 구체적으로 간청하고 있다. 하나님께 말을 걸며, 간구와 일치하는 진리로 하나님을 떠올리고 우리의 간구 사항을 구체화해서 그 간구가 하나님의 더 큰 계획에 들어맞게 한다. 그러나 오직 우리 주 예수 그리스도께서 우리를 위해서 행하신 은혜와 공로에 근거해서 하나님께 간구할 수 있다. 그리스도는 우리를 죄에서 구원하시고, 그분의 사역과 사명에 기초해서 우리를 하나님 앞에서 받을 만한 존재로 제시하셨다. 하나님의 영이 강권하심에 따라 우리는 하나님께 그와 같은 것들을 간청한다. 우리는 오직 그리스도의 사역으로 말미암아, 하나님 아버지 앞에 나아갈 수 있다. 그러므로 우리는 기도를 이렇게 마무리한다.

우리 주 예수 그리스도는 하나님 아버지와 성령님과 함께 이전부터 지금도 그리고 영원히 사시고 다스리십니다. 아버지와 성령과 함께 한 분 하나님이신 우리 주 예수 그리스도의 이름으로 기도합니다. 아멘.

새로운 본기도로서, 다음과 같이 자신의 본기도를 작성해 볼 수 있다.

아버지 하나님, 하나님은 치료하시는 분이며, 이제까지 수많은 사람을 낫게 해 주셨습니다. 또한 당신의 아들을 우리의 치료자로 보내 주셨습니다. ○○○이 이 병에서 낫게 해 주소서. *그래서* ○○○이 *자기 일에 복귀하게 하시고, 하나님이 부르신 그 일을 통해서 많은 열매를 맺게 하여 주소서. 꼭 필요한 그 일을 지금 대신할 사람이 없습니다.* 우리 주 예수 그리스도는 하나님 아버지와 성령님과 함께 이전부터 지금도 그리고 영원히 사시고 다스리십니다. 아버지와 성령과 함께 한 분 하나님이신 우리 주 예수 그리스도의 이름으로 기도합니다. 아멘.

부록
공기도에서 최선 끌어내기

어떻게 기도하든지, 기도는 온 인격과 온몸으로 참여하는 행위다. 마음, 영혼, 가슴, 양심, 혀, 눈, 손과 발, 몸 전체가 기도에 관여한다. 본기도와 관련한 이 부록은 특별히 성공회 신자들이나 본기도를 드리는 신자들에게 유용하다. 우리는 개인으로서 기도할 뿐만 아니라, 그리스도인 공동체로서 모두가 함께 기도한다. 공예배에서 목회자는 우리를 이끌고 우리는 따라서 기도한다. 그러고 나서, 우리는 이 기도들을 가정으로 가져와 집에서 개인적으로 개별적으로 기도한다. 우리가 교회에 전해져 내려온 전통적 간구 기도로 기도하는 법을 배울 때, 네 측면을 학습한다.

참여

기대

형성

교육

이 각각의 측면에 대한 간략한 설명은 기도하는 법을 익히는 데 유용하다.

참여

기록된 기도를 사용하는 것의 타당성에 의문을 품은 사람들을 경험하면서 우리 가운데 많은 이들이 깨달은 현실을 성공회 저자 스티븐스하지는 다음과 같이 지적한다. "본기도를 사용하지 않는 교회의 예배에서는 흔히 즉흥 기도를 드린다. 절기와 시기에 맞추어 기도를 드리는 일은 대체로 목회자의 몫이다. 그러나 성공회 교회처럼 정해진 전례 의식이 사용되는 곳에서는 그런 기도를 신앙 공동체의 모든 구성원에게 동등하게 부여한다."[78] 많은 사람이 기도는 개인적이고 즉흥적이라고 생각한다. 그렇지 않으면 전혀 기도가 아니라고 생각한다. 이 점과 관련해서, 나는 교회의 본기도가 우리를 참여로 이끈다고 주장하고자 한다.

우리가 단순히 앉아서 지켜보고, 들은 뒤 무엇인가를 얻고, 집으로 돌아가 먹기 위해 교회에 오는 것은 아니다. 우리는 참여하기 위해 교회에 온다. 우리는 일어서고 앉고 또 일어서고 앉고 또 일어서고 앉는다. 그러고 나서 주위를 한 바퀴 돌면서 서로 평안의 인사를 주고받는다. "그리스도의 평안이 당신에게 있을지어다." 그러고 나서 자리에 앉는다. 그다음 앞으로 걸어 나가서 성찬에 참여한 뒤 다시 앉고 일어선다. 그리고 교회를 떠난다. 우리 교회의 경우에는 차를 마시며 간단한 음식을 먹으면서 서로의 삶에 대해서 이야기를 주고받는다.

본기도는 두 가지 동참을 포함한다: 첫째, 일요일 본기도는 목회자가 큰 소리로 기도한다. 우리는 그 기도를 읽고 들으면서, 스스로에게 말하고, 맨 마지막에 그 본기도를 시인하면서, 진심으로 "아멘"이라고 호응한다. 둘째, 그 본기도는 주간 본기도라고도 불린다. 그 주간에 『성공회 기도서』의 매일 전례 독서를 하고, 아침 기도와 저녁 기도를 드리면서 일요일에 드린 본기도를 함께 드리도록 권하기 때문이다. 그러므로 우리는 본기도로 인도받을 뿐만 아니라, 그것을 스스로 말함으로써 그 기도에 동참한다. 이 책에서는 우리가 본기도에 **동참한다**는 점을 강조한다. 본기도를 귀로 들을 뿐만 아니라, 직접 우리 입으로 말함으로써 기도드린다는 뜻이다.

이 점을 덧붙이고 싶다. 본기도를 드리는 목회자는 우리를 인도하고 대표한다. 또한 우리가 무엇을 어떻게 기도해야 할지 본보기를 제시해 준다. 신앙 공동체를 위해서 목회 기도를 드리는 목회자는 우리의 관심사를 하나님께 전달하므로, 제사장의 임무를 수행한다.

또한 어떤 그리스도인이 다른 사람을 위해서 기도할 때—그는 간구를 하는 것이다—다른 사람들에게 제사장과 같은 자세로 행동하는 셈이다. 그리고 다른 사람들이 기도할 때도, 우리는 듣고 읽으며 우리 자신이 기도함으로써 그 기도에 동참한다.

우리가 본기도로 기도드릴 때, 본기도와 비슷한 기도를 드리는 성공회, 감리교, 장로교, 루터교와 다른 예배 전통을 지닌 신자들의 기도에 동참한다.[79] 또한 다양한 목회자들, 사제들과 평신도들이 온종일 간구를 드리므로, 전 세계적으로 기도의 파도가 끊임없이 일어난다. 우리는 **모두** 본기도에 동참한다. 우리가 일요일에 본기도를 드리든 목요일에만 드리든, 본기도의 전통 안에서 우리는 친교를 나누는 성도들 가운데 우리의 믿음을 구체화한다.

기대

기대의 측면은 어떤 전통(성공회, 감리교, 장로교, 가톨릭)을 따르든, 특별히 우리의 일요일 예배와 관련 있다. 신앙 공동체가 모두 함께 모여 예배드리는 관습은 종종 본기도가 예배드리는 동안 일어날 일, 특히 성경 봉독을 하는 동안 일어날 일을 기대하게 한다.[80] 그래서 주현절 또는 그리스도가 세상에 공적으로 나타나셔서 모습을 드러내신 것을 기념하는 일요일에 우리는 이렇게 하나님께 간구한다.

오 하나님, 큰 별을 이끄셔서 주님의 외아들을 이 땅의 사람들에게 분명히 나타내 보이셨습니다. 이제 믿음으로 주님을 아는 우리를 주님 앞으로 이끄소서. 주님의 영광을 우리가 직접 대면하여 보게 하소서. 우리 주 예수 그리스도는 하나님 아버지와 성령님과 함께 이전부터 지금도 그리고 영원히 사시고 다스리십니다. 아버지와 성령과 함께 한 분 하나님이신 우리 주 예수 그리스도의 이름으로 기도합니다. 아멘.

이 본기도는 "큰 별을 이끄신 사건"과 또한 예수님이 "이 땅의 사람들에게" 나타나신 사건을 읽고 기대감을 갖게 해 준다. 이 두 사건은 모두 동방 박사들에 관한 내용을 기록한 복음서 마태복음 2:1-12에 나온다. 동방 박사 이야기의 강조점은 그들이 외국인들, 곧 이방인이라는 데 있다. 바로 그들이 이스라엘이 고대하던 메시아께 맨 처음으로 예물을 드렸다. 이처럼 아브라함을 통해서 모든 민족에게 복을 내리겠다는 하나님의 약속은 우리가 주현절에 읽는 이 본문 안에서 성취된다. 주현절의 본기도는 이 모든 내용을 기도로 표현해서, 우리가 믿음으로 이 중요한 주제에 기대감을 갖도록 이끌어 준다. 곧 그리스도 안에서 하나님의 은혜가 모든 사람을 위해서 나타났다는 것이다.

우리의 공예배에서 이 기대에 더 추가되는 사항이 있다. 특별한 일요일에 드리는 기도들은 교회력의 큰 사건들을 기대하게 한다. 주현절은 사순절에 이르는 길을 열어 주고, 사순절은 고난 주간과 부활절에 이르는 길을 열어 준다. 그리고 부활절은 성령 강림절로 이르는 길을 열어 주고, 성령 강림절은 그다음 대림절까지 삼위일체 주일과 연중 시기로 이어진다. 교회 안에서 이 시기는 저마다 예수님의 생애와 가르침과 복음 사역에 초점을 두기 때문에, 본기도는 우리가 예수님에 대해서 더욱더 많은 것을 듣기를 기대하는 마음을 갖도록 이끌어 준다.

나는 개인 신앙생활에서 한 주 동안 날마다 일요일의 본기도를 반복해서 드림으로써 기대의 측면이 강화된다는 사실을 배웠다. 또한 날마다 그 주간에 읽어야 하는 성경을 읽고 간구 기도를 반복함으로써 한 해 동안 제시되는 주제들이 마음속에 깊이 새겨지는 것을 경험했다.

형성

지난 세대에 윤리학에 대한 많은 논의가 이루어졌는데, 주로 (1) **실천** (2) **형성** (3) **미덕**의 **사람들**에 관해서 다루었다. 어떤 이들은 신앙 공동체의 맥락으로 형성되기 전까지는 우리가 그리스도인이 아니라는 주장까지 했다. 과장된 표현이기는 하지만, 그 말에 진리가 전혀 없지는 않다. 그렇다면 그리스도인으로 형성된다는 것은 단지 나와 하나님에 관한 삶, 개인의 영성을 형성하는 훈련(고독, 기도, 금식 등)에 대한 과정일 뿐만 아니라, 그리스도인으로서 서로 협력하는 삶을 배우는 과정이기도 하다. 본기도는 하나님의 백성으로서 우리를 형성해 가는 한 부분이며, 『성공회 기도서』와 마찬가지로, 기도서가 지닌 형성 능력의 한 부분에 지나지 않는다.[81]

이 주제를 더 자세하게 분석해 보자. 우리의 습관이나 실천에서 부인할 수 없는 한 가지 형성력(formational power)이 있다. 오늘날 어떤 이들은 그것을 습성(라틴어 *habitus*)이라고 부른다. 의도에 맞게 사용한다면, 교회의 모든 본기도는 우리를 형성해 주는 잠재력이 있다. 사실상 본기도는 언제나 우리를 형성해 준다고 말할 수도 있다. 우리는 신자들이 함께 모인 교회를 복음의 가르침을 실천하기 위해 부름받은 사람들로 가득한 일종의 무대로 생각할 수 있다. 개혁주의 신학자인 케빈 밴후저(Kevin Vanhoozer)는 다음과 같이 주장한다. "교회는 세상에 하나님 나라에 관한 장면을 무대 위에서 보여 주기 위해 모인 연기자들의 무리다. 따라서 교리(doctrine)의 가르침은 개인과 교회가 그리스도를 창조적으로 닮아 가는 삶을 통해 복음을 공적으로 제시하게 해 준다."[82] 성경의 인도를 받으면서 저마다 자신의 역할을 연기하면서, 우리는 자신이 맡은 역할을 어떻게 더 훌륭하게 최선으로 연기할지 배운다.

『성공회 기도서』의 유용성에 관해서 찰스 헤플링은 다음과 같이 동일한 주장을 한다. "드라마의 각본저럼, 『성공회 기도서』는 미리 설명함으로써 어떤 일이 일어나야 하는지 규정해 준다. 개인으로나

집단으로서 각기 다양한 역할을 맡은 인물에게 다양한 대사가 할당된다. 그들은 무엇을 해야 하는지 구체적으로 알려 주는 무대 지침인 '규정'(rubrics)을 따라서, 그 기도서에 인쇄된 내용을 말한다. 이를테면 예배 의식의 다양한 구성 요소가 어떤 순서에 따라서 행해지는지를 설명해 준다."[83] 여기서 문제는 '연기'(play)라는 단어다. 우리는 단순히 연극에서처럼 연기할 수도 있고, 진정으로 우리의 역할을 실천/연기할 수도 있다.

이 연극에 대해서 하나의 원(circle)으로 생각해 보자. **당신(또는 우리)**은 동그란 원의 맨 밑에 서서 **기도**를 말한다. 그리고 원의 왼쪽으로 돌아서, 맨 위에까지 간다. 맨 위에서 당신은 **실천**의 세상 안으로 들어간다. 그러고 나면 이 실천은 원의 오른쪽으로 돌아서, 성품을 형성하는 **습성**(habitus)으로 이끌어 준다. 그러면 그 습성은 더 깊이 형성되도록 **당신**에게 영향을 끼친다. 일단 우리가 이 원 안으로 들어가면, 우리는 원의 순환 방향을 따라서 형성되어 간다. 우리의 신앙 습관은 우리를 형성해 준다. 이것을 본기도가 형성해 주는 원이라고 부를 수 있다.

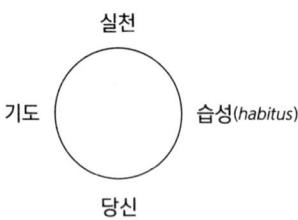

한 가지 주의 사항이 있는데, 한 번 이상 경청할 가치가 있다. 로런 위너(Lauren F. Winner)는 우리의 영적 습관이 중립적이지도 않고, 언제나 미덕을 쌓는 방향으로 형성되지도 않는다는 지혜로운 견해를 제시한다. 또한 위너는 몇몇 글에서 선을 행하는 습관이 추악한 변형을 만들어 낼 수도 있다는 취지로 말한다. 왜? 어떻게 그럴 수 있는가? 한마디로 말하자면, 바로 죄와 육신 때문이다. 위너는 이 점을 이렇게 묘사한다.

타락으로 말미암아 죄가 이 세상에 들어왔고, 모든 대상에 피해를 가져왔다. 곧 '죄'라는 단어는 인간의(그리고 그와 같은 천사들과 아마도 인간이 아닌 다른 영장류와 같은 존재들도) 습관, 행위 및 성향을 가리킨다. 죄는 하나님의 피조물이 하나님으로부터 멀어지게 하고, 세상에 피해를 가져온다.

만약 이것이 우리가 사는 세상이라면, 우리의 관습은 죄와 육신으로 오염될 수 있다. 위너는 이 점을 다음과 같이 정확하게 분석하며 묘사한다. "죄로 말미암아, 어떤 대상들은 변형되고 그런 경향이 변형된 대상에 고착된다. 그와 같은 변형이 영향력을 행사할 때, 우리는 변형된 대상 그 자체와 그 영향력을 서로 분리할 수 없다. 왜냐하면 변형된 사물 자체가 변형의 영향력을 지닌 대상에 잠정적으로 속하기 때문이다."[84] 이것은 다소 추상적으로 들릴 수도 있지만, 성만찬을 탐구한 위너는 다음과 같은 사실을 발견했다. 종종 어떤 그리스도인들은 예수님을 죽인 유대인들을 죽이기 위해 예수님이 제정하신 식사인 성만찬을 **변형했다!** 어떤 사람은 이렇게 질문할 것이다. 어떻게 영광스러운 성만찬의 관습이 살인자들을 받아들이도록 변형될 수 있단 말인가?! 그러고 나서 위너는 경건으로 위장한 매우 잘못 변형된 노예 소유자들의 기도를 살펴본다. 그것은 "착취를 일삼는 간구"[85] 또는 "그릇된 욕망의 대상을 향해서 계속해서 굴러가는 마차"가 된다.[86] 얼핏 듣기에 자기 노예들의 구원을 위해서 기도하는 것 같지만, 거기에는 그들에 대한 저주도 포함되어 있다! 마지막으로, 위너는 세례에 주목한다. 교회와 공동체로부터 실질적으로 분리된 채, 세례도 사회적인 신분과 경제적인 특권을 드러내는 기념식이 될 수 있다. 이것도 또다시 어떤 습관이나 영적인 관행의 힘이 그릇되게 변형된 예를 보여 준다.

성만찬, 기도와 세례와 같은 신앙 관습은 하나님의 원래 의도와 정반대가 될 수도 있다. 은혜의 수단이 되는 대신에, 그것들은 살인, 오만과 배타의 수단이 될 수 있다. 신앙 관습은 저절로 형성되지 않는다. 하나님의 은혜가 수반되지 않는 신앙 관습은 죄, 육신, 세상과 악의 수단이 될 수도 있다.

이 책의 주안점 가운데 한 가지인 본기도 역시 잘못 변형될 수 있다. 나는 그와 같은 위험성에 대해서 다음 두 가지를 지적하고자 한다. 곧 본기도가 번지르르한 말에 지나지 않거나, 거룩함으로 위장된 경건에 지나지 않을 때다. 다시 말해서 어떤 사람이 기도를 잘 할 수 있는지 그렇지 못한지 평가하는 도구가 되거나, 우리처럼 기도하지 못하는 다른 사람들과 우리 자신을 비교하는 수단이 될 때 본기도는 잘못 변형된 것이다. "하나님이여, 나에게 자비를 베푸소서"라고 기도한 죄인은 이제까지 기록된 어떤 본기도에 견줄 만큼 훌륭하게 기도했다.

우리가 힘주어 강조하는 점은 바로 이것이다. 교회의 간구 기도의 전통으로서 본기도는 우리를 영적인 측면에서 긍정적으로든 (부정적으로든) 형성할 수 있다. 우리가 의도적으로 본기도에 참여하고 본기도를 듣는다면, 그 기도들을 통해서 우리는 하나님의 구원 사역을 기대하게 된다. 그리고 그와 같이 기록된 본기도는 우리를 긍정적으로 형성할 수 있다.

교육

이 책은 성경과 교회의 간구 유형이 지닌 형성적이며 교훈적인 가치를 중점적으로 다룬다. 우리는 본기도를 통해 기도하는 원리와 방법을 배울 수 있다. 기도는 기도를 통해서 가장 잘 배울 수 있다. 계속 기도하다 보면, 기도에 대한 지혜를 깨우친다. 그렇지만 본기도는 기도에 새로운 진전을 가져다주고, 갑작스러운 치유의 길로 이끌어 주고 깨달음을 줄 수 있다. 성공회 신자들은 우리의 신학이 기도에 기초하며, 기도는 우리의 신학을 말로 표현한다고 믿는다. 만약 우리가 본기도에 신중하게 주의를 기울이면, 기독교 신학과 복음에 기초한 신앙의 핵심을 깨달을 것이다.

종종 주장하듯이, 전례(liturgy)는 교수법(pedagogy)이다. 다시 말해서, 우리의 본기도는 우리에게 기도와 신학을 가르쳐 준다. 시편 78편처럼, 때때로 우리는 길게 기도하지만, 어떤 경우에는, 간결하고 단도직입적으로 기도한다. 이전에 예수님은 우리에게 간단명료하게 기도하는 법을 가르쳐 주셨다. 산상수훈에서 예수님은 여러 번에 걸쳐서 자신의 생활 방식으로 다른 사람들의 생활 방식을 비판하신다. 예수님은 이렇게 말씀하신다. "너희는 기도할 때에 외식하는 자와 같이 하지 말라. 그들은 사람에게 보이려고 회당과 큰 거리 어귀에 서서 기도하기를 좋아하느니라"(마 6:5). 또한 예수님은 자신을 따르는 사람들에게 "위선자들"(새번역)처럼 자기를 과시하려고 기도하지 말고, 골방에서 은밀하게 기도하라고 가르치셨다. 하나님은 은밀한 곳들도 보실 수 있기 때문이다(마 6:6). 그리고 예수님은 "이방인"과 같이 중언부언하며 기도하지 말고, 간결하게 기도하라고 다음과 같이 가르치신다. "또 기도할 때에 이방인과 같이 중언부언하지 말라. 그들은 말을 많이 하여야 들으실 줄 생각하느니라. 그러므로 그들을 본받지 말라. 구하기 전에 너희에게 있어야 할 것을 하나님 너희 아버지께서 아시느니라"(마 6:7-8).

우리가 주님의 기도라고 부르는 예수님의 기도는 **핵심 내용을**

간단명료하게 기도하는 모범을 제시해 준다. 예수님은 "하지 말라"는 말 뒤에 "하라"라고 말씀하신다. 그러고 나서는 "너희는 이렇게 기도하라"라고 말씀하신다. 주님의 기도는 간단명료하고 뛰어난 명품 기도다. 그 기도는 때때로 우리가 핵심 사항을 언급하면서, 하나님 앞에 가장 명료하고 단순한 말로 간구해야 할 필요성을 가르쳐 준다. 글 쓰는 법을 가르치는 이들이 제시하는 훌륭한 지침들 가운데 하나가 단순하게 글을 쓰라는 것이다. 내가 읽은 책에서 이런 내용이 있던 것을 기억한다. **당신이 두 문장으로 하는 말을 한 문장으로 말할 수 있다.** 그 책에서 윌리엄 진서(William Zinsser)가 선호하는 두 단어는 바로 '단순함'과 '혼란스러움'이다.[87] 주님의 기도는 단순하면서도 혼란스럽지 않다. 본기도는 바로 예수님의 이 가르침을 표현한다. 적게 말하라. 당신의 생각을 우리 아버지께 말하라. 하나님은 들으신다.

형성을 위한 필요조건

마지막으로 내가 매우 중요하게 여기는 점을 말하고자 한다. 그것은 신앙을 형성하는 습관과 관습에 대해서 논의하는 이들의 관점에서, 아무리 강조해도 지나치지 않다. 나는 또다시 본기도의 그릇된 형성 능력에 주목하고자 한다. 본기도를 관습적으로 사용하는 데는 위험성이 뒤따른다. 곧 하나님의 은혜가 작용하도록 기도하지 않은 채, 그 의미에 대한 숙고와 목적의식 없이 단순히 계속 말하는 것을 뜻한다. 그래서 우리는 본기도가 그릇되게 변형될 수도 있는 이런 위험성에 주의할 필요가 있다.

본기도가 우리를 형성해 주기 위해서는 다음 세 가지 사항이 필요하다. 첫째, **하나님의 은혜**가 없이 형성은 일어나지 않는다. 그래서 본기도에서는 다른 무엇보다 하나님이 은혜를 베풀어 '주시기를' 바란다는 언급이 끊임없이 나온다. 둘째, **성령**이 필요하다. 성령이 아니면, 우리는 결코 그리스도의 형상으로 변화될 수 없다. 고린도후서 3:17-18은 이 점을 다음과 같이 훌륭하게 언급한다. "주는 영이시니 주의 영이 계신 곳에는 자유가 있느니라. 우리가 다 수건을 벗은 얼굴로 거울을 보는 것같이 주의 영광을 보매 그와 같은 형상으로 변화하여 영광에서 영광에 이르니 곧 주의 영으로 말미암음이니라." 죄악의 속박에서 우리를 끌어내 그리스도 안에서 자유로운 인간으로 변화시키는 것은 우리의 의지력이나 훈련이 아니라 성령님이시다. 내가 본기도에서 '나아가기'로 부르는 과정은 거의 모든 본기도에서 성령님과 밀접한 관련이 있다. "우리 주 예수 그리스도를 통해 존귀와 영광이 이제와 영원토록 하나님 아버지와 성령과 함께 있을지어다."

하지만 사람들이 반응해야 할 필요가 있다. 성경에서 사람들에게 요구되는 기본적인 반응은 바로 **사랑으로 연결되는 믿음**이거나, **믿음으로 연결되는 사랑**이다. 우리는 본기도를 읽고, 믿음으로 본기도를 말하고 하나님을 사랑하거나, 믿음으로 하나님 사랑하는 마음을 본기도로 말해야 한다. 이것은 마술이 아니다. 본기도는 저절로 작동하지 않고, 우리는 조작으로 형성을 이룰 수 없다. 하나님의 은혜와 더불어 성령님의 역사가 필요하며, 우리는 하나님의 은혜 안에서 믿음으로 성령님의 역사에 열려 있어야 한다. 또다시 스티븐하지의 말을 언급하고자 한다. 그는 '열정'이라는 표현으로 은혜의 필요성을 상기시켜 준다. "이미 알고 있는 친숙한 단어들은, 말하자면 열정 가득한 개인의 헌신으로 빛을 발한다. 그리고 그것은 현재의 필요와 갈망의 전달 수단이 된다."[88]

그러므로 본기도를 드리는 데는 네 측면이 있다. 곧 참여, 기대, 형성과 교육이다. 우리가 믿음으로 하나님을 사랑하는 법을 배우는 과정에서, 이 네 측면은 하나님의 은혜와 성령님의 함께하시는 능력으로 우리를 변화시키는 데 저마다 역할을 담당한다. 본기도를 드리기에 앞서, 우리가 본기도로 하나님께 말씀드릴 때 우리에게 하나님이 말씀하신다는 사실을 신뢰하면서, 우리는 침묵하며 하나님의 은혜와 성령을 간구해야 한다.

후기

『교회와 유아 세례』(It Takes a Church to Baptize, 새물결플러스)에 관한 책을 저술할 때만 해도, 성공회의 전례와 신학에 대한 시리즈를 쓸 생각이 없었다. 앞에서 언급한 책은 골로새서에 대한 주석서(Wm. B. Eerdmans)에서 유아 세례에 관한 긴 특별 논문 덕분에 빛을 보게 되었다. 그 특별 논문의 규모 때문에 또 다른 출판물을 출간할 필요를 느꼈고, 그 결과 베이커 출판사에서 그 책을 출간했다. 몇몇 친구들은 내게 세례에 대해서 보완해 줄 책을 저술해 달라고 요청했다. 혹시 성만찬에 관해 저술할 수 있는지도 물었다. 그 요청에 대한 응답으로, 나는 먼저 개인 기도와 공기도를 풍성하게 해 줄 본보기로 본기도에 관한 적은 분량의 연구서를 저술하고 싶었다. 그래서 이 책을 출간했다.

아르니 클루카스(Arnie Klukas) 여사에게 감사한다. 그는 본기도와 성공회 기도서에 대한 자료들을 소개해 주었다. 또한 나의 교구 목회자인 제이 그리너(Jay Greener)에게 감사를 표한다. 그는 종종 내 원고를 읽고 논평해 주었다. 그는 어느 날 저녁에 몇 가지 검토 사항을 알려 주었다. 그것을 참고해서, 나는 원고를 전반적으로 수정했다. 그리고 본기도로 우리를 이끄는 그의 탁월한 은사에도 감사한다. 그는 때때로 우리가 큰 소리로 기도하지 않았는지 의문을 품을 정도로 우리의 본기도를 잘 이끌어 준다. 나아가 내가 제기한 몇 가지 질문들에 친절하게 답변해 준 찰스 헤플링에게 감사한다. 애즈버리 신학교(Asbury Seminary)의 프레드 롱(Fred Long)은 이 책의 내용을 크게 향상시켜 주는 제안을 했다. 그 점에 대해서 깊이 감사한다. 그리고 이 책의 집필을 위해서 여러 도서관에서 참고 자료들을 수집해 준 조교 저스틴 길(Justin Gill)에게 감사한다.

크리스와 나는 니콜레테와 마린, 데스피나와 마리아에게 특별한 감사를 전한다. 그들의 환대로, 우리는 그리스의 낙소스에 있는 호텔 그로타(Grotta)에서 안락하게 머물 수 있었다. 그 호텔에 머무는 동안 이 책의 초고를 집필했다. 우리는 호텔 방의 발코니에서 에게 해를 내려다보았다. 그곳에서 아폴론 신전의 유적과 장엄한 모습을 지닌 그리스 정교회를 감상할 수 있었다. [그 정교회는 생명을 주는 샘 조오도코스 페게(Zoodochos Pigi)에 봉헌된 낙소스 대교구에 속한다.] 그 정교회에서 우리는 맨 처음으로 정교회에서 한밤중에 드리는 부활절 예배를 경험했다. 그 부활절 예배는 '시끌벅적한'(raucous)이라는 단어가 어울린다. 반면에 우리 호텔에는 고요라는 단어가 적합하다. 그로타 호텔은 우리 방에 커다란 책상을 제공하는 친절을 기꺼이 베풀어 주었다. 우리는 호텔 방문을 열어 놓았는데, 에게해의 바람이 방 안으로 실려 왔다. 그곳에서 머무는 두 주일 동안, 로완 윌리엄스(Rowan Williams)가 언젠가 "교리적이고 경건한 분위기"를 자아낸다고 묘사했던 『성공회 기도서』에 수록된 훌륭한 기도들을 연구하는 데 몰두했다.[89] 에게해의 기후 덕분에 그 책은 더욱더 교리적이고 경건한 분위기를 풍기게 되었다.

주

1. Herbert Lockyer, *All the Prayers of the Bible*, (Grand Rapids, MI: Zondervan, 1959), 5.
2. John Baillie, *A Diary of Private Prayer* (New York: Simon & Schuster/Firestone, 1996), 101.
3. 이 책에서 특별한 언급이 없는 한, 성경 구절들은 모두 NRSV에서 인용했다. NRSV 는 KJV를 더 분명하게 반영해 주는 영역본으로서, 기도들이 지닌 위엄의 어조를 지 니고 있는데, 최근의 영역본들에서는 그런 위엄을 찾아볼 수 없다.
4. 출 3-4장에서 하나님이 이스라엘 백성을 구원하는 일에 모세를 부르시는 과정과 관련 해서, 모세가 하나님과 협상하는 장면을 주목해 보라. 또한 출 32:31-32도 참조하라.
5. 출 32:11-14도 참조하라. 이 기도에서 모세는 하나님이 말씀하신 것을 상기시킨다.
6. J. Charlesworth, ed., *The Old Testament Pseudepigrapha*, trans. by C. Burchard (New York: Doubleday, 1985).
7. Emil Schurer, *The History of the Jewish People in the Age of Jesus Christ*, ed. G. Vermes et al., 2nd Revised edition (T & T Clark, 1987), 2.456, 457.
8. The Episcopal Church, *The Book of Common Prayer* (New York: Oxford

University Press, 1990), 355.
9. Bridget Nichols, ed., *The Collect in the Churches of the Reformation*, SCM Studies in Worship and Liturgy (London: SCM, 2010), 1. 본기도 모음집의 번역, 우아함과 표현 양식에 대한 간명한 연구에 대해서 Nichols의 다음 논문을 보라. "The Collect in English: Vernacular Beginnings," in Nichols, 9-27.
10. Charles Hefling and Cynthia Shattuck, eds., *The Oxford Guide to The Book of Common Prayer: A Worldwide Survey* (Oxford: Oxford University Press, 2006), 567.
11. Charles Lett Feltoe, in *The Prayer Book Dictionary*,의 "Collects"를 보라. ed. George Harford and Morley Stevenson (London: Pitman and Sons, 1912), 211. 본기도(Collects)의 기원에 대해서 J. Neil Alexander는 다음과 같이 주장한다.

본기도는 유일하게 서구 교회의 예배 의식 전통에 속하는 짧은 기도들이다. 기도서(the Prayer Book)의 전통에서 3분의 2가량은 종교개혁 이전에 사용되던 라틴어 본기도를 영어로 번역했다. 나머지 3분의 1은 새로 지었거나, 이전 자료들을 개정했다.

예배 의식과 관련된 역사에서 상당한 기간에 본기도가 사용되었다는 점은 이전보다 더 규모가 있는 예배 의식이 완성되었다는 신호다. 예배 인도자가 성도들뿐만 아니라, 그들이 드린 기도들을 '모아서' 예배 의식이 더 진전될 수 있었다. 1662년도에 간행된 책까지 거슬러 올라가는 기도서(the Prayer Book)의 전통에서는 단지 성경 봉독 이전에 드리는 본기도만 보존되었다. 그리고 그 기도는 대체로 '그날의' 본기도가 되었다. 이 관행은 유럽 대륙의 루터파 예배 의식 개정에 뿌리를 내린다. 본기도의 사용과 관련해서, 예배 의식의 마치는 기도에서 독자적으로 위치하는 간결하고 다양한 기도로의 변화는 상상할 수 있는 모든 필요와 경우를 대비한 본기도들을 만들어 내는 무대를 제공해 주었다.

Hefling과 Shattuck의 *Oxford Guide to BCP*, 71의 다음 장을 참조하라. "The Shape of the Classical Book of Common Prayer."
12. 침례교인들은 기도에 관한 훌륭한 연구서에서 이런 비판을 읽을 수 있다. 그들은 몇

몇 배경에서 다음과 같은 본기도에 수록된 기도들을 사용한다. Chris Ellis, "Written Prayers in an Oral Context: Transitions in British Baptist Worship," in Nichols, *The Collect*, 139-156.

13. 이와 같은 비판에 대한 더 긴 변호를 담은 다음 책을 보라. Scot McKnight, *Praying with the Church: Following Jesus Daily, Hourly, Today* (Brewster, MA: Paraclete Press, 2006), 23-66.
14. Robert Elmer, ed., *Piercing Heaven: Prayers of the Puritans* (Bellingham, WA: Lexham Press, 2019).
15. C. S. Lewis, *Letters to Malcolm, Chiefly on Prayer* (San Francisco: HarperOne, 2017). 『개인 기도: 말콤에게 보내는 편지』(홍성사).
16. 또한 *Amidah* or *Shemeneh Esreh* 또는 "열여덟 가지 축복"이라고도 불린다.
17. Schurer, *History of the Jewish People*, 2.456, 457.
18. Donald Gray, "Cranmer and the Collects," in *The Oxford Handbook of English Literature and Theology*, ed. Andrew Hass, David Jasper, and Elisabeth Jay (New York: Oxford University Press, 2007), 562.
19. L. E. H. Stephens-Hodge, *The Collects*, The Prayer Book Commentaries (London: Hodder &Stoughton, 1964), 15-17. 더 오래된 버전에서는 본기도 안에 세 가지 요소가 있다고 본다. (호소=이 책의 1과 2에 해당; 간구=이 책의 3과 4; 그리스도의 이름으로 간청 혹은 귀속), Feltoe의 "Collects," 211를 보라.
20. Marion J. Hatchett, *Commentary on the American Prayer Book* (New York: HarperOne, 1995), 164.
21. Alan Jacobs, *"The Book of Common Prayer": A Biography*, Lives of Great Religious Books (Princeton and Oxford: Princeton University Press, 2013), 32.
22. The Episcopal Church, *BCP*, 355.
23. Aidan Kavanagh, *On Liturgical Theology*(Collegeville, MN: Pueblo/Liturgical Press, 1992), 48.
24. Stephens-Hodge, *The Collects*, 24-25. 나는 그의 말을 더 많이 포함하려고, 그의 말을 편집했다.

주

25. 이 두 기도는 다음 책에서 찾을 수 있다. The Episcopal Church, *Book of Common Prayer*, 135, 137.
26. 많은 기도서 중에서 나는 다음 책들을 언급하고자 한다. 1) William Bright, *Ancient Collects and Other Prayers: Selected for Devotional Use from Various Rituals, with an Appendix, on the Collects in the Prayer-Book*, 3d ed. (Oxford: J.H. & Jas. Parker, 1864). 2) John Baillie, *A Diary of Private Prayer* (note 2). 3) L. E. H. Stephens-Hodge, *The Collects* (note 19). 4) Marion J. Hatchett, *Commentary on the American Prayer Book* (note 20). 5) Walter Brueggemann, *Awed to Heaven, Rooted in Earth* (note 53). 『예언자의 기도』(비아).
27. Miroslav Volf and Matthew Croasmun, *For the Life of the World: Theology That Makes a Difference* (Grand Rapids, MI: Brazos, 2019), 132.
28. Janet Morley, *All Desires Known: Third Edition*, 3d ed. (Harrisburg, PA: Morehouse, 2006), 86.
29. 이 기도의 역사에 대한 분석과 누가 그 기도를 사용하는지 그리고 공예배의 어떤 부분에서 그 기도를 사용하는지에 대해서는 다음 해설서를 보라. Hatchett, *Commentary on the American Prayer Book*, 381-382.
30. The Episcopal Church, *Book of Common Prayer*, 337.
31. The Episcopal Church, *Book of Common Prayer*, 364-365.
32. https://www.cnbc.com/2019/07/03/advice-from-90-year-olds-how-to-live-a-long-happy-andregret-free-life.html.
33. Northumbria Community, *Celtic Daily Prayer* (San Francisco, CA: Harper SanFrancisco, 2002), 18-19.
34. The Episcopal Church, *Book of Common Prayer*, 360.
35. Frank Colquhoun, ed., *Parish Prayers* (London: Hodder & Stoughton, 2000), 219-220.
36. Morley, *All Desires Known*, 7.
37. John Goldingay, *The First Testament: A New Translation* (Downers Grove, IL: InterVarsity Press, 2018), 923.

38. Goldingay, *The First Testament*, 923.
39. 믿음과 관련한 다음의 훌륭한 세 연구서들을 참조하라. Matthew W. Bates, *Salvation by Allegiance Alone: Rethinking Faith, Works, and the Gospel of Jesus the King* (Grand Rapids, MI: Baker Academic, 2017), 『오직 충성으로 받는 구원』(새물결플러스); Bates, *Gospel Allegiance* (Grand Rapids, MI: Brazos Press, 2019); Nijay K. Gupta, *Paul and the Language of Faith* (Grand Rapids, MI: Wm. B. Eerdmans, 2019).
40. 성령 강림절 이후(혹은 삼위일체 주일 이후) 절기의 일요일들이나 이른바 '평일'의 기간에 『성공회 기도서』에서 본기도들과 전례 독서들은 '연중'(Proper)과 숫자(예. 연중 23주일)로 목록을 제시한다. 그 일요일 자체는 '적합한' 일요일은 아니다. 하지만 『성공회 기도서』를 들여다보면서, 사람들은 그렇게 생각할 수 있을 것이다. 따라서 "성령 강림절이 지난 시기"에 5월 11일에 가장 가까운 일요일에 대해서 『성공회 기도서』는 굵은 글씨체로 "연중 1주일"이라고 말한다. 그 표현은 해당 주간의 명칭이 아니라, 그 일요일에 사용되도록 정해진 적합한 전례 독서의 본문과 본기도를 말한다. 『교회의 기도법』(*It Takes a Church to Pray*)에서 성령 강림절 이후 절기에 사용되는 본기도를 정하기 위해 '연중'이라는 용어에 숫자를 붙여 사용한다. 모든 '연중' 시기가 매해 사용되는 것은 아니기 때문이다. 이 단락을 쓸 때가 2019년이다. 삼위일체 주일은 6월 16일이므로, 성령 강림절의 '고유번호'가 할당된 첫 번째 일요일은 6월 23일이다. 그런데 이 주의 고유번호는 '연중 7주일'이다. 더 긴 부활 절기를 적용하기 위해 '평일'의 '연중' 기간이 줄어들었기 때문이다. 이해하기에 혼란스러울 수도 있지만, 『성공회 기도서』나 lectionarypage.net에는 확실한 근거가 있을 것이다. 이런 자료에는 교회력 절기에 해당하는 고유번호를 말해 줄 것이다.
41. 이 주제와 관련해서 나의 다음 논문을 보라. Scot McKnight, "Saints Re-Formed: The Extension and Expansion of *Hagios* in Paul," in *One God, One People, One Future: Essays in Honour of N.T. Wright*, ed. John A. Dunne and Eric Lewellen (Minneapolis, MN: Fortress Press, 2018), 211-231.
42. By William Temple; from Colquhoun, *Parish Prayers*, 385.
43. 나는 이 주제에 관해서 몇몇 책에서 논의했다. 가장 최근의 자료로서, 다음 논문을

보라. Scot McKnight, *Pastor Paul: Nurturing a Culture of Christoformity in the Church*, Theological Explorations for the Church Catholic (Grand Rapids, MI: Brazos, 2019), 41-46.

44. Northumbria Community, *Celtic Daily Prayer*, 19.
45. Morley, *All Desires Known*, 24.
46. Samuel Wells and Abigail Kocher, *Shaping the Prayers of the People: The Art of Intercession* (Grand Rapids, MI: Wm. B. Eerdmans, 2014), 20.
47. 아퀴타누스의 프로스페루스(Prosper of Aquitaine)에게서 유래된 다른 형태는 "*Legem credendi lex statuat supplicandi*"다. 이것은 "간구에 대한 법칙이 믿음의 법칙을 결정하게 하라"로 번역할 수 있다. 이것은 내가 아는 본기도에 대한 가장 훌륭한 묘사다.
48. 이 점에 대해서 설득력 있게 설명해 주는 다음 연구서들을 보라. Kavanagh, *On Liturgical Theology*; Alexander Schmemann, *For the Life of the World: Sacraments and Orthodoxy* (Crestwood, NY: St Vladimir's Seminary Press, 2000). Kavanagh는 그의 책에서 전례(liturgy)를 "제일"신학이라고 부른다. 그리고 우리의 신학적인 개념들은 "부차적"이라고 말한다. 때때로 교회의 기원이 예배 의식 안에 있는 듯이 생각하게 만드는 그의 주장들은 지나친 점이 있다. 하지만 그의 저서를 통해 나보다도 분류법에 대해서 더 불평하는 사람이 있다는 사실을 깨달았다!
49. St Nikodimos of the Holy Mountain and St Makarios of Corinth, eds., *The Philokalia: The Complete Text*, trans. G. E. H. Palmer, Philip Sherrard, and Kallistos Ware, vol. 1 (London: Faber and Faber, 1983), 1.62.
50. Kavanagh, *On Liturgical Theology*, 100.
51. Hefling and Shattuck, *Oxford Guide to the Book of Common Prayer*, 3. 해당 면에 제시된 본문에서 인용.
52. John M. G. Barclay, *Paul and the Gift* (Grand Rapids, MI: Wm. B. Eerdmans, 2015), 185. 그는 '테마'(theme)가 아니라 '완성'(perfections)이라는 용어를 사용한다. 주목할 만한 내용으로서, 575면에서 그는 은혜에 대해서 다음과 같이 사전적 정의를 내린다.

'은사'(gift)는 자발적이며 개인적인 관계의 영역을 가리킨다. 은혜나 호의를 베푼다는 점에서 은사는 선한 의지의 특성을 나타낸다. 또한 상호 관계를 지속하기 위해서 자발적이며 필수적인 보답의 형태를 만들어 낸다. 은사에 대한 인류학의 이론에 따르면, 은사의 범위는 친절, 호의, 관대함 또는 동정심 등 다양한 형태를 지니며, 다양한 섬김과 유익을 통해서 베풀어진다. 또한 일종의 상호 감사와 은사에 대해 다른 것으로 돌려주기를 기대한다. 고대의 언어들은 이 다양한 관계를 매우 풍부한 용어들로 표현한다. 그 용어들은 종종 의미가 서로 겹치지만, 서로 미묘하게 다른 함의들을 내포한다.

53. Walter Brueggemann, *Awed to Heaven, Rooted in Earth* (Philadelphia: Fortress, 2002), 142-43. 『예언자의 기도』(비아).
54. http://www.rachelbarrentine.com/blog/2016/10/24/a-prayer-to-remember/-the-goodness-of-god.
55. Michael J. Gorman, *Cruciformity: Paul's Narrative Spirituality of the Cross*(Grand Rapids, MI: Wm. B. Eerdmans, 2001). 『삶으로 담아내는 십자가: 십자가 신학과 영성』(새물결플러스); Michael J. Gorman, *Inhabiting the Cruciform God: Kenosis, Justification, and Theosis in Paul's Narrative Soteriology* (Grand Rapids, MI: Wm. B. Eerdmans, 2009); Michael J. Gorman, *Becoming the Gospel: Paul, Participation, and Mission* (Grand Rapids, MI: Wm. B. Eerdmans, 2015). 『삶으로 담아내는 십자가: 바울과 하나님의 선교』(새물결플러스).
56. McKnight, *Pastor Paul*. 『목회자 바울: 교회에서 그리스도를 닮아가는 문화 만들기』(새물결플러스).
57. C. Frederick Barbee and Paul F.M. Zahl, *The Collects of Thomas Cranmer* (Grand Rapids, MI: Wm. B. Eerdmans, 1999).
58. Brueggemann, *Awed to Heaven, Rooted in Earth*, 168. 『예언자의 기도』.
59. Wells and Kocher, *Shaping the Prayers of the People: The Art of Intercession*, 14.
60. Wells and Kocher, *Shaping the Prayers*, 36.
61. 다시 말해서, 절기들이나 교회 봉헌 기념 일요일과 같은 특별한 날들의 본기도를 제

외한다면 말이다.
62. Northumbria Community, *Celtic Daily Prayer*, 39.
63. Northumbria Community, *Celtic Daily Prayer*, 42.
64. C4SO: Diocese of Churches for the Sake of Others, a diocese of the Anglican Church in North America.
65. Brueggemann, *Awed to Heaven, Rooted in Earth*, 111. 『예언자의 기도』. 브루그만의 기도들에서 하나님께 말 걸기의 요소는 전혀 나타나지 않는다.
66. Charles Hefling, in Hefling and Shattuck, *Oxford Guide to the Book of Common Prayer*, 3.
67. 삼위일체 신학은 오늘날 신학의 상당 부분에서 핵심 주제가 되었다. 기본적인 훌륭한 안내서로서 다음 연구서를 보라. Roger E. Olson and Christopher A. Hall, *The Trinity* (Grand Rapids, MI: Wm. B. Eerdmans, 2002). 삼위일체에 관한 초기 기독교 논쟁의 세부 내용에 대해서 다음 연구서를 보라. Lewis Ayres, *Nicaea and Its Legacy: An Approach to Fourth-Century Theology* (New York: Oxford University Press, 2004). 몇몇 신학자들이 인간으로부터 출발해서 하나님께 나아가서는 안 되며, 또한 삼위 하나님을 혼인 관계에 기초해서 설명해서는 안 된다는 단순한 교훈을 배웠다면, 아들을 아버지에게 영원히 종속시키는 신학적인 재앙을 피할 수 있었을 것이다. 복음주의 학자들 가운데서 내놓은 정통 삼위일체 사상에 대한 탁월한 변증 연구들로는 다음 연구서와 논문집을 참조하라. Fred Sanders and Scott R. Swain, eds., *Retrieving Eternal Generation* (Grand Rapids, MI: Zondervan, 2017); Michael F. Bird and Scott Harrower, eds., *Trinity Without Hierarchy: Reclaiming Nicene Orthodoxy in Evangelical Theology* (Grand Rapids, MI: Kregel Academic, 2019).
68. Morley, *All Desires Known*.
69. 또다시 나는 이 연구서를 위해서 대부분 일요일 본기도에 한정시켰다. 『성공회 기도서』에서는 구체적인 경우들에서 대략 60번 이상이나 그와 같은 호칭들이 나타난다. 거기에는 스데반, 베드로와 바울과 같은 성인들을 기념하는 특별한 날들도 포함되어 있다. 만약 그와 같은 날들도 이 목록에 포함한다면, 그 숫자를 더해 줄 것이다. 하지

만 호칭들 사이의 균형을 변화시키지는 않을 것이다.

70. 다음 연구서는 훌륭한 안내서 역할을 해 줄 것이다. J. I. Packer, *Knowing God*, 20th Anniversary ed. (Downers Grove, IL: IVP, 1993). 『하나님을 아는 지식』(IVP).

71. Roger E. Olson, *Arminian Theology: Myths and Realties* (Downers Grove, IL: IVP Academic, 2006), 115-136.

72. John Goldingay, *Biblical Theology: The God of the Christian Scriptures* (Downers Grove, IL: IVP Academic, 2016), 42-43, 48.

73. 가나안과 그리스의 종교들은 신을 (신체적이며 문자적으로) 자녀들을 낳은 아버지라고 생각했다. 아마도 이 점이 구약성경에서 하나님을 아버지라고 부르기를 망설인 이유를 설명해 줄 수 있을 것이다. Goldingay, *Biblical Theology*, 37-38를 보라.

74. Scot McKnight, *A New Vision for Israel: The Teachings of Jesus in National Context* (Grand Rapids, MI: Wm. B. Eerdmans, 1999), 49-65.

75. Stephens-Hodge, *The Collects*, 17.

76. 히 13:21; 벧전 4:11; 유 25절 또한 보라.

77. Goldingay, *The First Testament*, 923.

78. Stephens-Hodge, *The Collects*, 19.

79. Nichols, *The Collect*.

80. 개혁파 교회에서 이 본기도는 조명(illumination)의 기도로, 설교자가 드리며 성경 본문에 더 많은 관심을 기울인다. 설교자는 그것을 읽고 나서 설명한다. Paul Galbreath, "Between Form and Freedom: The History of the Collect in the Reformed Tradition," in Nichols, *The Collect*, 123-138를 보라.

81. 더 지혜롭고 광범위한 접근 방법에 대해서 알려면, 다음 연구서를 참조하라. David A. deSilva, *Sacramental Life: Spiritual Formation Through the Book of Common Prayer* (Downers Grove, IL: IVP Books, 2008).

82. Vanhoozer, *The Drama of Doctrine*, 32-33.

83. Hefling and Shattuck, *Oxford Guide to BCP*, 1.

84. Lauren F. Winner, *The Dangers of Christian Practice: On Wayward Gifts, Characteristic Damage, and Sin* (New Haven, CT: Yale University Press,

2018), 16.

85 Winner, *The Dangers of Christian Practice*, 79.

86 Winner, *The Dangers of Christian Practice*, 84.

87 William Zinsser, *On Writing Well: The Classic Guide to Writing Nonfiction*, 30th Anniversary ed. (New York: Harper Perennial, 2016), 6-16. 『글쓰기 생각 쓰기』(돌베개).

88 Stephens-Hodge, *The Collects*, 19.

89 Hefling and Shattuck, *Oxford Guide to BCP*에 대한 추천 서문에 xiii.

옮긴이 신지철은 총신대학교 신학과를 졸업한 후 독일 트리어 대학교 고전문헌학부에서 수학했다. 독일 뮌헨 대학교에서 고전 그리스어, 라틴어, 고전 히브리어를 연구했으며, 같은 대학교 개신교 신학부에서 (전문 분야) 성령론 및 삼위일체론을 연구하고 박사 과정을 수료했다. 아가페 출판사 편집장을 지냈으며 스터디 바이블 『오픈 성경』과 『오픈 해설 찬송가』를 기획, 집필, 편집했다. 옮긴 책으로는 『다시 춤추기 시작할 때까지』 BST 시리즈 『에스더』 『에스라·학개』(이상 IVP), 『개혁교회 교의학』 『주 예수의 복음』 『하나님의 비밀』(이상 새물결플러스), 『복음서를 통해 본 예수』(솔로몬), 『하이델베르크 교리문답 입문』 『왜 우리는 하이델베르크 교리문답을 사랑하는가』 『누가복음 1, 2』 『요한복음』(공역) 『ESV 스터디바이블』(공역, 이상 부흥과개혁사) 등이 있다.

하나님께 간구하는 기도

초판 발행_ 2023년 2월 28일

지은이_ 스캇 맥나이트
옮긴이_ 신지철
펴낸이_ 정모세

펴낸곳_ 한국기독학생회출판부
등록번호_ 제2001-000198호(1978.6.1)
주소_ 04031 서울시 마포구 동교로 156-10
대표 전화_ (02)337-2257 팩스_ (02)337-2258
영업 전화_ (02)338-2282 팩스_ 080-915-1515
홈페이지_ http://www.ivp.co.kr 이메일_ ivp@ivp.co.kr
ISBN 978-89-328-1990-7

ⓒ 한국기독학생회출판부 2023

책값은 뒤표지에 있습니다.
무단 전재와 복제를 금합니다.